Carl-Auer-Systeme

Der Fluss des Erzählens

Konrad Peter Grossmann

Narrative Formen der Therapie

Zweite Auflage, 2003

Carl-Auer-Systeme im Internet: **www.carl-auer.de**
Bitte fordern Sie unser Gesamtverzeichnis an:

Carl-Auer-Systeme Verlag
Weberstr. 2
69120 Heidelberg

Über alle Rechte der deutschen Ausgabe verfügt Carl-Auer-Systeme
Verlag und Verlagsbuchhandlung GmbH Heidelberg
www.carl-auer.de
Fotomechanische Wiedergabe nur mit Genehmigung des Verlages
Satz und Diagramme: Beate Ch. Ulrich
Umschlaggestaltung: WSP Design, Heidelberg
Unter Verwendung einer Fotografie von Konrad Peter Grossmann
Printed in the Netherlands
Druck und Bindung: Koninklijke Wöhrmann, Zutphen

Zweite Auflage, 2003
ISBN 3-89670-139-8

Bibliografische Information Der Deutschen Bibliothek.
Die Deutsche Bibliothek verzeichnet diese Publikation in der Deutschen Nationalbibliografie;
detaillierte bibliografische Daten
sind im Internet über http://dnb.ddb.de abrufbar.

Inhalt

Vorwort ... 9

1. **Einleitung** ... 15

2. **Sprache und Wirklichkeit** ... 21
   Erzählung und Geschichte ... 26
   Die Transformation von Handlungen ... 28
   Die Transformation von Sprache ... 29
   Dominante und alternative Erzählungen ... 31
   Erzählungen als Bausteine von Sprachspielen ... 32
   Deskriptive Narrative ... 33
   Explikative Narrative ... 33
   Evaluative Narrative ... 33
   Figurale Ereignisketten ... 34
   Geschichten der Unterdrückung ... 34
   Geschichten der Kränkung, Verletzung und Bedrohung ... 34
   Geschichten von Entbehrung und Mangel ... 35
   Geschichten von Schuld ... 35
   Geschichten des Verlustes ... 35

3. **Die Innenseite des Erzählens** ... 37
   Erzählinhalte ... 38
   Erzählraum ... 42
   Erzählzeit ... 46
   Erzählbewegung ... 48
   Kontextualisierung ... 51
   Erzählperspektiven ... 52

5

4. Die Matrix des Erzählens ... 58
Selbst-Erzählungen ... 59
Offene und geschlossene Selbst-Erzählungen ... 60
Die Gerichtetheit von Selbst-Erzählungen ... 61
Erzählungen der Progression ... 61
Erzählungen der Stabilität ... 61
Erzählungen der Degression ... 62
Die Ökologie von Erzählungen ... 62
Konstituenten der Erzählmatrix ... 64
Die Transformation von Selbst-Erzählungen ... 65
Zwischen Determinismus und Freiheit ... 66

5. Die Außenseite des Erzählens ... 68
Schließendes Erzählen ... 69
Öffnendes Erzählen ... 70
Dekonstruktion als Erweiterung ... 71
Öffnende Metaphern ... 75
Die grundsätzliche Offenheit von Sprache ... 76
Authentizität ... 78
Kongruenz ... 80
Kohärenz ... 83
Soziale Passung ... 85
Glaube und Zweifel ... 89

6. Herr Dostojewskij erzählt eine Lösung ... 91
Der Textrahmen ... 94
Eine sequenzielle Beschreibung ... 95
Ein prozessuales Modell von Therapie ... 99
Die Entstehung des therapeutischen Systems ... 100
Die Aufrechterhaltung und Verwirklichung des therapeutischen Systems ... 101
Die Auflösung des therapeutischen Systems ... 104
Das Lernen des Therapeuten ... 104

7. Die Einführung und Passung von Unterschieden ... 107
Die Handhabung von Ungewissheit ... 108
Ein Wissen der Unterlassung ... 109

    Ein Wissen des Vollzugs ... 110
    Die Erfindung von Unterschieden ... 111
    Ein hilfreicher Erzählraum ... 112
    Die Evaluation von Unterschieden ... 114
    Mehrere Wege ... 116

8. Die Sicherung von Unterschieden ... 118
    Die Zuschreibung von Kongruenz ... 118
    Die Zuschreibung sozialer Passung ... 121
    Die Zuschreibung von Authentizität ... 123
    Die Zuschreibung von Kohärenz ... 124
    Wege der Sicherung ... 125

9. Therapie und Schreiben ... 126
    Therapeutische Briefe ... 128
    Schreibender und Leser ... 129
    Vom Übersenden und Ankommen ... 131
    Inhaltliche Intention des Schreibens ... 132
    Positionale Intentionen ... 134
    Positionale Intention im Kontext des
      therapeutischen Systems ... 135
    Performative Intention ... 136
    Anlässe des Schreibens ... 137
    Möglichkeiten des Briefeschreibens ... 138
    Passungen ... 143
    Jenseits von Briefen ... 145
    Mitschreiben ... 149

10. Das Nutzbarmachen des Fiktiven – Therapie als Literatur ... 151
    Tiefung und Levitation ... 152
    Eine realistische Erzählmatrix ... 153
    Eine postmoderne Erzählmatrix ... 154

11. An der Mündung ... 163

Literatur ... 168

Über den Autor ... 173

Vorwort

Es gibt Fachbücher, die relevante Strömungen und Entwicklungen ihres jeweiligen Gebietes aufnehmen, bündeln, wiedergeben und vielleicht sogar weiterführen, und es gibt Fachbücher, die davon etwas abweichen. Sie bieten dann Unerwartetes, fügen Neues hinzu, geben den mehr oder weniger erwarteten Abläufen eine andere Richtung oder präsentieren sich in einer anderen Ästhetik oder Darstellungsform. Das vorliegende Buch von Konrad Peter Grossmann kann als eine Mischung dieser beiden Arten von Büchern erscheinen: Es bestätigt Erwartungen und bietet Unerwartetes.

Einerseits stellt es wichtige theoretische, methodische und handwerkliche Bestandteile der systemtherapeutischen Praxis dar und bündelt sie: konversations- und sprachanalytische Überlegungen, die sich unter dem Etikett der narrativen Therapieformen zusammenfinden. Inzwischen hat man fast überall entdeckt, dass man, wenn man denn mit seinen Klienten tatsächlich gesprochen hat – und das tun ja doch noch die meisten Psychotherapeuten –, schon immer narrativ gehandelt und behandelt hat, selbst wenn man nicht wusste, dass man es tat. Psychotherapie besteht nun mal stets aus der wechselseitigen Tätigkeit des Geschichtenerzählens.

Narrative Psychotherapieformen sind Teil einer umfassenderen narrativen Psychologie, die wieder an die Bedeutung des Erzählens von Geschichten für menschliches Verstehen und Handeln erinnert. Insbesondere die Versuche in der Psychologie, objektive und positivistische Verhaltensgesetze zu finden, hatten narrative Ansätze in der Vergangenheit eher an den Rand gedrängt. Das hat sich in der Zwischenzeit deutlich geändert, und man findet sich in guter Gesellschaft, wenn man die Position vertritt, dass Erzählungen die grundlegenden strukturierenden Schemata sind, durch die

Personen ihr Verhältnis zu sich selbst, zu anderen und zu ihrer physischen Umwelt organisieren und als sinnhaft gestalten.

Grossmann stellt diese Positionen eingehend dar und führt dabei dem Leser eine besondere Fähigkeit vor Augen: Er versteht es, die unterschiedlichsten theoretischen Quellen narrativer Konzepte und Vorgehensweisen auf sehr differenzierte Weise zu erschließen und mit seiner eigenen Praxis zu verbinden. Durch die Darstellung von Transkriptausschnitten aus der eigenen therapeutischen Praxis lässt er tatsächlich die erschlossenen Quellen zu einem Fluss des Erzählens werden, den der Leser entlangfahren kann, wodurch er die Möglichkeit erhält, Erfahrungen zu machen.

Schon dies wäre viel und genügend für das, was man von einem guten Fachbuch erwarten sollte.

Ein weiterer Aspekt macht aber dieses Buch zu einem bemerkenswerten Buch. Erzählen, Erzählungen und ein Buch darüber liegen nicht gerade im Trend der Zeit. Gegenüber der ungebremsten Tätigkeit des Bildermachens ist das Erzählen und Sprechen als alltägliche „Kulturtechnik" in den letzten Jahren deutlich ins Hintertreffen geraten. Wir leben in einer „Bilder-Welt", in der das Knipsen von Fotos und das Sichaufstellen zum Fototermin zu einem wichtigen Medium des sozialen Bezugs geworden sind. Fast jeder ist damit beschäftigt, sich von anderen und von sich selbst Bilder zu machen. Fast überall sind wir von einer akuten Ikonomanie umgeben. Nicht nur im Urlaub trifft man unvermeidlich auf solche Bilderproduzenten. Auch in der Medizin und Psychiatrie und Psychotherapie breitet sich virulent die Manie des Bildermachens aus. Bildgebende Verfahren lassen das Sprechen und Erzählen in der „Sprechstunde" – wie es so schön altmodisch heißt – zu einem antiquierten und irgendwie verdächtigen Verfahren werden. Wenn man sich ein Bild vom Hirn oder gar seinem Stoffwechsel machen kann und das auch noch in den schönsten Farben betrachten kann, erspart man sich manch unnötiges Wort. In dieser uns umgebenden Bilderwelt ein Buch über das Erzählen zu schreiben erscheint daher bemerkenswert.

Aber es finden sich weitere interessante und relevante Flussabschnitte, die uns der Autor entlangfahren lässt: Es ist die Rede vom Verhältnis von Therapie und Literatur. Literatur wird als Therapie betrachtet und mit den Mitteln narrativer Konzepte beschrieben, erklärt und bewertet. Aber auch umgekehrt wird versucht,

Therapie als Literatur zu beschreiben und Entwicklungen der Psychotherapie in ein Verhältnis zu Entwicklungen der Literatur zu bringen. So stellt uns Konrad Grossmann den realistischen Roman als das Pendant der „realistischen therapieprozessualen Abfolge" von „Erinnern – Wiederholen – Durcharbeiten – Integration" vor. Dem folgt nun die postmoderne Erzählung als Pendant postmoderner Therapiekonzepte. Es soll nun nicht mehr um die Vertiefung der Realität, sondern um deren Aufhebung gehen. Es soll in „postmodernen Therapien" nicht mehr um die großen Entwürfe der Selbstverwirklichung, der Vervollkommnung und des Wachstums gehen, sondern um den Verlust des Heroischen und die Beschränkung auf Erzählungen des Überlebens: um leben und lieben trotz Unheilbarkeit.

Die interessante Analogie von Therapie und Literatur hebt den grundlegenden Unterschied zwischen beiden jedoch nicht auf, er tritt durch die wechselseitige Bezugnahme aufeinander umso deutlicher hervor: Es ist der Unterschied zwischen dem gesprochenen Wort und dem verschriftlichten Text, der Unterschied zwischen Erzählen und Zuhören einerseits und Schreiben und Lesen andererseits. Das Buch selbst, dessen Vorwort Sie gerade lesen, ist in diese Spannung hineingehalten: Einerseits handelt es vom Inhalt mündlichen Erzählens in therapeutischen Kontexten, andererseits hat es die Form einer schriftlichen Erzählung und gefährdet damit durch seine Form notwendig seinen Inhalt. Nicht umsonst zeigt sich in vielfältiger Weise das Festschreiben als die Aufhebung des nicht feststellbaren Flusses des Erzählens. Dieser Fluss kann nun mal über die Ufer treten, sich ein neues Bett suchen, aber auch austrocknen. All das lässt sich bei festgeschriebenen Erzählungen nur schwerlich finden. Die Beobachtung dieser konflikthaften Spannung zwischen mündlicher und schriftlicher Erzählung hat eine lange Tradition. Schon bei Platon findet sich eine Schriftkritik, die den besonderen Wert und Vorteil des mündlichen Erzählens herausstellt. Schrift erscheint dort lediglich als Hilfsmittel des Gedächtnisses, das einen Wissenden mit Hilfe von externalisierten Zeichen an schon Gewusstes erinnern kann. Schrift besitzt jedoch nicht die Fähigkeit, dieses Wissen einem Unwissenden zu übermitteln. Wissen oder Sinn teilt sich nur im Miteinanderleben (etwa im Miteinandersprechen) mit, es wird im Gespräch erzeugt.

Der grundlegende Unterschied zwischen gesprochenem und gelesenem Erzählen taucht als Unterschied der sozialen Organisation von Wissen und Sinn wieder auf. Mündliche Erzählung erfordert eine höhere organisatorische Komplexität, die den Charakter von rituellen Handlungen annehmen kann. Der Ritus oder das Fest kennzeichnen die typische allgemeine Form, wie „orale Gesellschaften" Erzählungen organisieren. Nichtlesende und damit notwendig erzählende Gesellschaften sind feiernde Gesellschaften. Psychotherapie kann ein solcher Aspekt einer erzählenden Gesellschaft sein. Psychotherapie wird zu einem Ritus, der Erzählung organisiert. Im Prozess der psychotherapeutischen Kommunikation kommentieren sich dann beide wechselseitig: Der Ritus gibt der Erzählung Bedeutung und die Erzählung dem Ritus.

Im Gegensatz dazu ist das Lesen um ständige individuelle Auslegung bemüht und dadurch auch gefährdet. Marcel Proust weist auf diese Augenblicke der Gefährdung hin, wenn das Lesen nicht zur Anregung des inneren Fortschreitens unseres Denkens führt, sondern zu der Vorstellung, dass irgendetwas Materielles in den Büchern abgelagert sei, das wir dann nur noch durch Lesen aufzunehmen hätten.

Natürlich kann dennoch auch das Lesen gelingen. Es kann dann zu dem verhelfen, wozu auch gute Therapien beitragen können: unsere eigenen Biographien umzuschreiben, den Dingen einen anderen Sinn – unseren eigenen, den Sinn, der uns passt –, zu geben. Dazu wählen wir aus und gestalten. Wir gestalten im Erzählen uns selbst als Erzählung.

Zu einer Erzählung zu werden kann dann bedeuten – wie wir von jeder guten literarischen Erzählung und jedem guten Roman wissen –, zu einem Prozess zu werden, in dem das moralische Urteil aufgehoben ist. Die Schaffung eines solchen imaginären (Erzähl-)Raumes kann weitreichende Konsequenzen haben: Dort können sich Erzählfiguren entfalten, Individuen, die nicht mit aller Rücksicht und Vorsicht auf eine bereits existierende Wahrheit erdacht werden, als Beispiele für das Gute oder das Böse oder als Verkörperung objektiver Gesetze, sondern als autonome, auf ihre eigene Moral, ihre eigenen Gesetze gegründete Wesen. Eine Erzählung kann umso mehr den Erzähler enthalten, je weniger der Erzähler beim Erzählen oder Schreiben sich den aufdringlich präsenten Meinungserwartungen des Zeitgeistes fügt. Erzählungen, die lediglich das

Meinungssoll des Zeitgeistes zu erfüllen versuchen, sind in diesem Sinne nicht erzählend, sondern lediglich illustrativ: narratives Beiwerk.

Der Wert einer Erzählung kann nicht im Illustrativen, sondern nur in der Entfaltung der bis dahin verdeckten Möglichkeiten liegen; sie entdeckt, was in jedem von uns verborgen ist. Der Wert einer Erzählung liegt aber auch in der Berücksichtigung dessen, was das Erzählen und die Erzählung erst notwendig macht.

Warum erzählen sich Menschen überhaupt Erzählungen? Irgendwie scheint uns die Welt nicht zu entsprechen. Wir stehen mit ihr auf Kriegsfuß, sie stört uns und ist uns nicht verständlich. Warum ist das so? Wahrscheinlich, weil sie von selbst keinen Sinn hat. Das wäre aber nun auch wieder nicht so schlimm, wenn nicht die meisten von uns nur schwer ertragen könnten, was keinen Sinn hat. Wahrscheinlich erzählen wir uns selbst und anderen Geschichten, um dies ertragen zu können, und erhoffen uns dadurch Abhilfe. Wir erzählen gegen den von uns empfundenen Fehler oder Mangel der Welt. Erzählend fällt uns ein, was uns fehlt. Die Welt und unser gelebtes Leben ist eben viel chaotischer, zusammenhangloser und sinnloser als die Geschichten, die wir darüber erzählen. Wir können aber dabei nur schwer übersehen, dass uns auch dadurch die Welt nicht verständlich wird. Beim Erzählen wird sie uns im besten Falle erträglicher.

Hier tauchen weitere Gefährdungen der Erzählung auf: die großen Erzählungen oder gar die große Erzählung. Das Bedürfnis nach (auch psychotherapeutischen) Großdeutungen scheint weiterhin ungebrochen, trotz aller Unabgeschlossenheit und Unabschließbarkeit des Erzählens. Dabei hält uns doch gerade diese Unabgeschlossenheit des Erzählens auch weiterhin miteinander im festlichen Ritus des Gesprächs.

Im Ritus des Gesprächs ist das Verstehen der Welt ebenso wie das Verstehen des Anderen im besten Falle unterwegs. Das abschließende Ziel wird nicht erreicht. Wäre Verstehen vollendet, wäre das Gespräch zu Ende, wir hätten uns nichts mehr zu sagen. Was wir im besten Fall erreichen können, ist ein Ertragen des Anderen. Jeder hat das Verstehen der eigenen und vor allem der Erzählungen des Anderen selbst zu verantworten. Dadurch kann auch Missverstehen zum Verstehen werden, denn jeder hat die Freiheit zu verstehen, wie er muss, und kein Autor hat einem Leser, kein Therapeut seinem Klienten vorzuschreiben, wie er zu verstehen hat. Jede Art von Verständnis und Missverständnis kann zu einem Beitrag zum Ganzen, d. h. zur Organisation menschlichen Lebens werden.

In diesem Sinne bleibt mir nur, dem Buch und seinem Autor möglichst viele Leser zu wünschen, die sich zu ihren unvermeidlich eigenen Gedanken über Erzählungen anregen lassen, diese Gedanken vielleicht weitererzählen und damit das Gespräch als eine heilsame erzählende Organisation des unheilbaren menschlichen Lebens weiter im Fluss halten.

Arnold Retzer

1. Einleitung

„Der Zauber des Meeres (begann) seine Wirkung auf ihn auszuüben. Denn als er tief ins Wasser blickte, sah er, daß es aus tausend – tausend – tausend – und – einer verschiedenen Strömung bestand, jede von einer anderen Farbe, die sich ineinander verflochten und verschlangen wie eine flüssige Tapisserie von atemberaubender Vielfalt ... (es) waren die Geschichtenströme, und jeder farbige Strang repräsentierte und enthielt eine einzelne Erzählung ... das Meer der Geschichtenströme (stellte) die größte Bibliothek des Universums dar. Und da die Geschichten hier in flüssiger Form aufbewahrt wurden, behielten sie die wundersame Fähigkeit, sich zu verändern, sich in neue Versionen ihrer selbst zu verwandeln, sich mit anderen Geschichten zu vereinen und dadurch zu wieder neuen Geschichten zu werden." (Rushdie 1991, S. 86)

In Irland gab es viele Jahrhunderte hindurch einen Berufsstand, der in hoher Achtung stand – jenen der „Shanachies", der Chronisten und Geschichtenerzähler. Ihre Aufgabe war es, die Erinnerung an die Geschichte eines Dorfes, einer Region und ihrer Menschen zu wahren und von Generation zu Generation zu tradieren; sie waren die Gegner des Vergessens.

Der Aufgabe der Shanachies kam insbesondere in jenen Zeiten, als Irland von englischer Unterdrückung, von Hungersnot und Ausbeutung, von wirtschaftlichem wie sozialem Elend, Analphabetismus und der grausamen Niederschlagung irischen Widerstands geprägt war, eine wesentliche Bedeutung zu – sie waren diejenigen, die die Erinnerungen an die familiären und personalen Biographien der Menschen wach hielten und so dafür sorgten, dass Gegenwart und Vergangenheit miteinander verbunden blieben. Sie wahrten – aller Not zum Trotz – die Kohärenz irischer Identität.

Sie waren die „Hüter der verbotenen Worte" (Sluzki 1996, S. 312), Hüter jener anderen Geschichte Irlands, die unter der Dominanz englischer Herrschaft und englischen Erzählens über Irland unterzugehen drohte – der Geschichten irischer Stärke, des Stolzes, der Unabhängigkeit und keltischen Verwurzelung.

Ihre mündlich tradierten Aufzeichnungen markierten nicht nur die englischen Siege, sondern auch jene der Iren. Sie erzählten von Widerstand, von Solidarität, von Liebe, von Mitgefühl. Sie waren die Hüter ausgelassener Erzählungen.

Über Psychotherapie lässt sich ebenfalls in der Metapher des Geschichtenerzählens nachdenken. Therapie hat Erzählungen von menschlicher Not und ihre Bewältigung zum Gegenstand. Ihr Ausgangspunkt sind Lebensprobleme, die in relevante innere und äußere Zusammenhänge eingebettet sind, in biologische, biographische, soziale und gesellschaftliche Kontexte. Therapie verwirklicht sich im Einführen bislang ausgelassener Erzählungen.

Psychotherapietheorien sind Erzählungen über hilfreiches Erzählen: Sie definieren, was ein Therapeut[1] tun und unterlassen soll, welche verändernden Handlungsmöglichkeiten ihm offen stehen und in welchem Bezugsrahmen er sich bewegen kann. Psychotherapietheorien sind Versuche, therapeutisches Handeln im Sinne eines kohärenten Modells konzeptionell zu verstehen und zu legitimieren.

Nach und nach hat sich im Laufe dieses Jahrzehnts ein eigenständiger therapeutischer Landstrich unter dem Namen „Narrative Therapie" ausgefaltet. Wie andere therapeutische Landstriche auch, ist er vielgestaltig und uneinheitlich. Seine Grenze verbindet mehr, als sie trennt. Narrative Therapie gründet in der Idee, dass sich therapeutische Dialoge als gemeinsame Erzählvorgänge verstehen lassen, die hilfreiche Unterschiede im Leben, Zusammenleben und Problemlösungshandeln erzeugen.

Dieses Buch ist ein Versuch der Erkundung. Es ist einerseits erzählende Landschaftsskizze, andererseits mehr formale kartographische Bestimmung. Es erstellt Landkarten, die der Orientierung des Therapeuten dienen.

---

1 Um der leichteren Lesbarkeit willen wurde für „Klientinnen" wie „Klienten", für „Therapeutinnen" wie für „Therapeuten" die jeweils männliche Bezeichnung gewählt. „Klient" bezeichnet auch unter Umständen ein aus mehreren Personen bestehendes „Klientensystem".

Wie jede andere Beschreibung gibt sie den subjektiven Blick des Betrachters wieder.

Erzählen bezieht sich zum einen auf den Gegenstand von Therapie – auf das Erzählen von Klienten über Problemhaftes, über Schwieriges, Unvollständiges, Nicht-zu-einem-guten-Ende-Gekommenes im Kontext ihres individuellen Lebens und ihrer sozialen Beziehungen.

Erzählen bezieht sich zum zweiten auf den Prozess von Therapie als dialogischem Geschehen.

Therapie lässt sich als Zusammenwirken verstehen, innerhalb dessen zwei oder mehr Beteiligte alternative Erzählungen entwickeln, die mit einer Problemauflösung einhergehen. Sie kooperieren in einem Vorgang erzählender Unterschiedsproduktion.

Erzählen bezieht sich schließlich auf das Ergebnis dieses Dialoges. Klient und Therapeut schaffen gemeinsam Erzählungen, die mit erweiterten Handlungsmöglichkeiten korrespondieren.

Im Kontext der Metapher „Therapie als Erzählen" lässt sich wirksames therapeutisches Handeln der Transformation von problemassoziierten in problemauflösende Erzählungen gleichsetzen: Im Mittelpunkt stehen sprachliche Wandlungsprozesse.

Ausgangspunkt dieses Buches ist die Unterscheidung der Phänomenbereiche „Sprache" und „Wirklichkeit". Als Quellfluss therapeutischen Handelns wird eine Theorie von Sprache im therapeutischen Kontext skizziert.

Der nachfolgende Flussabschnitt fokussiert eine Innenseite von Erzählen in Therapie. Er stellt Unterschiede bereit, die als pragmatische Anknüpfungspunkte alternativen Erzählens dienen können.

Konstruierende Transformationen von Erzählen werden dokumentiert und erläutert, gefolgt von einer Erkundung möglicher Matrizen des Erzählens, die als Sprachspiele rund um „Probleme-in-Sprache" gedacht werden.

Dem breiter gewordenen Fluss widmet sich eine Beschreibung der Außenseite von Erzählen: sie fokussiert die Einbettung von Erzählungen in ein „System von Geglaubtem" (Wittgenstein 1992, S. 150) und erläutert dekonstruierende Transformationen.

Dem Flusslauf folgend, wird ein prozessuales Modell von Therapie entworfen und die erzählende Herstellung von Unterschieden im Kontext einer Dialektik von Konstruktion und Dekonstruktion beschrieben.

Daran knüpft eine Erkundung der Möglichkeiten von Schreiben in Therapie sowie des der narrativen Therapie zugrunde liegenden Problemlösungsmodells an.

Das abschließende Kapitel wird als Mündung des Flusslaufes gedacht – das so erreichte Meer soll sich als „Meer von Geschichten", als offener Raum für vielfältiges therapeutisches Erzählen erweisen.

In Therapien ist die Mündung jener Ort, an dem sich problemassoziierte Erzählungen auflösen: Jene Geschichten, die ein Problem festhalten, verfließen mit all den anderen Erzählungen, die unser individuelles und soziales Leben ausmachen. Die Markierung „Problem" wird aufgehoben und verliert sich.

An der Mündung können Klient und Therapeut innehalten, den Lauf des Flusses im gemeinsamen Gespräch rekonstruieren und im Flusssand nachskizzieren.

Sie können sich gute Strömungen, Stillstände und Widerstände ihres gemeinsamen Dialoges vergegenwärtigen, nachdenken, welche Optionen des Handelns unberücksichtigt geblieben sind, was gelungen, aufgelöst, zu einem guten Ende gekomken oder offen geblieben ist, und sich voneinander verabschieden. Jeder beginnt eine neue Reise.

Bilder von Menschen und sozialen Systemen implizieren die Reduktion von Menschlichem – sie machen den, über den erzählt wird, zumeist ärmer denn reicher.[2]

Bilder von Menschen und sozialen Systemen konstituieren – auch wenn es therapeutisch reflektierte sind – Ungleichheit in der Begegnung: Sie erschaffen unterschiedliches „Wissen" und bergen so das Risiko von Bemächtigung und therapeutischer Gewalt.

Bilder bzw. Theorien von Menschen und sozialen Systemen generieren vorgezeichnete Erzählungen.

Sie reproduzieren als normative Strukturen jene Gewalt, die vielen Problemerzählungen zugrunde liegt. Sie verführen Therapeuten zu dem Glauben, von Klienten oder von sich selbst zu wissen. Sie verleiten sie dazu, die Erfahrungen von Klienten an diese Bilder anzugleichen.

---

2 Wittgensteins Anmerkung, „wovon man nicht sprechen kann, darüber muß man schweigen" (1997, S. 85) lässt sich sowohl in einer epistemologischen wie ethischen Bedeutung lesen.

Freilich ist ohne Bilder, ohne Hypothetisieren auf der Grundlage theoretischer Konzepte kein absichtsvolles und zielgerichtetes therapeutisches Handeln möglich.

Das hier Erzählte gründet in der Hoffnung, dass Bilder über Erzählen, nicht aber über Erzähler die Skizzierung eines gangbaren therapeutischen Handlungspfades ermöglichen. In dieser Absicht werden narrative Fokusse formuliert, die es dem Therapeuten ermöglichen, hilfreiche Unterschiede einzuführen und sein Handeln konzeptionell als Vollzug vielfältiger unterschiedsorientierter Operationen zu verstehen.

Ein Nachdenken über „Therapie als Erzählen" birgt die Gefahr der „optischen Täuschung": Es kann vorgeben, von einem Ort jenseits des Flusses, von einem sicheren Ufer aus zu erzählen.[3]

Doch ein Jenseits-des-Flusses existiert weder im therapeutischen Dialog noch im Erzählen darüber – wir sind als Therapeuten immer zugleich Beschreibende und Teil dessen, was wir beschreiben.

In diesem Buch wird das Handeln des Therapeuten und des therapeutischen Systems als Vollzug spezifischer formaler Operationen beschrieben. Das Eigentliche von Therapie bleibt dabei unberührt.

Es entzieht sich sprachlicher Modellbildung und Beschreibung.[4]

Die vorgeschlagenen Unterscheidungen und Operationen können einen Raum hilfreicher Bedingungen für dieses Eigentliche, sprachlich nicht Fassbare bereitstellen. Ob es jedoch im Gespräch eintritt, liegt jenseits therapeutischer Kontrolle.

Dieses Buch birgt kein Zu-Ende-Denken: Nimmt der Raum des als bekannt Gesetzten zu, so weitet sich zugleich der Raum des Unbekannten.

Jedes Erzählen, das wir über Wirklichkeit breiten, bleibt ebenso wie jedwedes Erzählen über Erzählen vorläufig und bruchstückhaft.

Der hier gewählte Standort der Beschreibung ist Ergebnis vieler Theorien, Einflüsse und Begegnungen der letzten Jahre. Er ist geprägt von der Arbeit mit Familien, Paaren und einzelnen Klienten in unterschiedlichen Familienberatungsstellen.

---

3 "... to sit down on this bank of sand and watch the river flow" (Dylan 1973, S. 876).
4 „Es gibt allerdings Unaussprechliches ... es ist das Mystische" (Wittgenstein 1997, S. 87).

Sie alle haben mich Wichtiges über Verstehen und Missverstehen, über Begegnung und Präsenz, über Gelingen und Scheitern therapeutischen Handelns gelehrt und so das Wesentlichste zu diesem Buch beigetragen.

Andere Einmündungen verdanke ich den Gesprächen mit Ausbildungsteilnehmern, die es mir ermöglichten und abverlangten, Erzählen über Therapie immer wieder zu modifizieren.

Manche weiterführende Ideen gehen auf meine Kollegen am Institut für Familienberatung in Linz und an der Lehranstalt für systemische Familientherapie in Wien zurück.

Für das gemeinsame Nachdenken über dieses Buch danke ich meinen Freunden und Kollegen Heinz Mairhofer, Rainer Loidl, Irene Hiebinger, Eduard und Gertraud Waidhofer, Arnold Retzer sowie Hans Rudi Fischer. Gerda Öllinger, Andrea Fechter, Lisi und Franz Rammer haben mir die Mühsal des Schreibens erleichtert.

Eine wichtige andere Quelle waren die Erzähler John Irving, Salman Rushdie und Albert Camus. Sie haben mich gelehrt, wie nahe das Kleine am Großen, das Traurige am Komischen liegt – und dass gutes Erzählen nicht notwendigerweise gut enden muss.

Ein anderer Zustrom waren mir die wirklichen Flüsse, an denen ich gelebt habe und entlanggegangen bin – die Ybbs und die Ysper, die Thaya, die Aist und all die anderen. Dort, wo sie noch ungebrochen von menschlicher Zerstörung sind, symbolisieren sie die Vielfalt und Vollständigkeit von Leben. Sie sind mir Sinnbild dessen, wie Erzählen in einer Logik des Sowohl-als-auch zuweilen sein kann: schmal und tief, breit und strömend, rasch und langsam, verzweigt und einfach.

Wer eine Geschichte erzählt, verliert sich leicht in ihr. Für die Möglichkeit dazu, aber auch für die Erinnerung daran, sie rechtzeitig wieder zu verlassen, danke ich meiner Familie. Ihr ist dieses Buch gewidmet.

2. Sprache und Wirklichkeit

„Das Jetzt und das Hier ... ist der Anfang jeden Anfangs. Der Moment, in dem ich tue, was ich tue, ist immer neu, er war nie vorher da. Nichts war vorher, denn was war, ist so, wie ich glaube, daß es vorher war. Das heißt, ich erzähle, wie es war. Und daraus ergibt sich ein außerordentliches Verantwortungsproblem." (von Foerster 1997, S. 29)

Psychotherapeutische Erzählungen sind Erzählversionen von menschlichem Glück und Unglück.[1] Ihr Gegenstand ist das Scheitern und Gelingen personaler wie sozialer Lebensentwürfe in Bezug auf spezifische Ausschnitte von „Wirklichkeit".

Psychotherapieerzählungen – seien sie nun abstrahierte Geschichte im Großen oder als Fallerzählung mehr Geschichte im Kleinen – ähneln als literarische Gattung den Romanen des ausgehenden 19. Jahrhunderts. Wie diese handeln sie von Leid, Krankheit, Krieg und Unrecht, wie diese versuchen sie, ein „überbrückendes Thema" (Papp a. Imber-Black 1996, p. 5; Übers.: K. P. G.) von einem konflikthaften und schwierigen Beginn zu einem glücklicheren Ende hin zu spannen.

Auf der Bühne therapeutischer Erzählungen agieren verschiedenste Helden und Antagonisten – Persönlichkeitsanteile, Triebkräfte, Systemdynamismen oder Verhaltens- und Situationsoperatoren.

---

1 Psychotherapeutische Erzählungen unterscheiden sich von anderen Erzählungen über denselben Gegenstandsbereich – etwa von Alltagserzählungen – darin, dass spezifische Beobachter – Psychotherapeuten, Klienten, Zuweisende und andere – sie als Erzählungen erachten, die den Kriterien der Überprüfbarkeit, Wissenschaftlichkeit, Verstehbarkeit oder Nachvollziehbarkeit besser genügen.

Ihre Schicksale, Interaktionen und Konflikte sind kaum weniger dramatisch als jene von Jean Valjean oder Oliver Twist.

Psychotherapeutisches Erzählen lässt sich nach narrativen Gesichtspunkten ordnen. Dies ermöglicht, Lebens- und Problemerzählungen von Klienten spezifischen psychotherapeutischen Erzähltraditionen gegenüberzustellen.

Ist die Geschichte des Klienten eine, die ein Innen in Form von Erlebensprozessen, Gefühlen, Gedanken fokussiert – und führt therapeutisches Erzählen dem gegenüber Neues oder bislang Ausgelassenes ein? Fokussiert therapeutisches Erzählen ein Außen, indem es seine Aufmerksamkeit dem Verhalten, den Interaktionen und Umwelten des Klienten zuwendet? Schließt sich das Erzählen des Therapeuten eng an das des Klienten an?

Unterstreicht das Erzählen des Klienten die Bedeutung von Kindheit, Herkunftsfamilie, biographischen Wurzeln als wesentliche Kontextzusammenhänge für gegenwärtige Not – und führt therapeutisches Erzählen dem gegenüber Gegenwärtiges oder möglicherweise Zukünftiges als Erklärungsrahmen ein? Behält es den zeitlichen Rahmen der Klientenerzählung bei?

Von einem narrativen Gesichtspunkt aus begründet sich die Sinnhaftigkeit und Nützlichkeit therapeutischen Handelns aus seiner Fähigkeit, erzählend Unterschiede herzustellen – „Das entscheidende Merkmal therapeutisch effektiven Erzählens ist formal gesehen die Produktion von Unterschieden: von Unterschieden zur problemproduzierenden Erzählung des Klienten" (Retzer 1996, S. 151). Sind die therapeutisch eingeführten Unterschiede bedeutsam und berührend genug, um einen Unterschied im Sinn der Problemauflösung zu machen? Sind sie „passungsfähig" in Bezug auf den Klienten und seine Lebenswelt? Korrespondieren sie mit seinen Wertsystemen, seinen Möglichkeiten des Handelns und der Bedeutungsgebung?

Ein narratives Verständnis von Therapie gründet ideengeschichtlich in Sigmund Freuds Definition von Therapie als „Redekur" (Freud u. Breuer 1970).[2]

---

2 „Freuds größte Entdeckung war nicht jene des Unbewußten, sondern die Entdeckung der Wertschätzung, die eine Person einfach dadurch erfährt, daß sie ihre Geschichte einem aufmerksamen Zuhörer erzählt. In dem dadurch bereitgestellten Raum hört sich eine Person in der Weise, wie sie von anderen

Der Begriff „Redekur" lässt sich als auf zweierlei bezogen denken: Es definiert den Vorgang einer kurierenden Operation vermittels des Redens – was heilt, ist die Rede.

„Redekur" kann freilich auch anders gelesen werden: Die Rede des Klienten ist Gegenstand der Therapie. Sie ist es, die geheilt wird: „Die Rede ist ... etwas Eigenes. Sie bewegt sich, wie ein Schiff, niemals nur für Besatzung, Passagiere und Ladung, sondern immer auch für sich selbst durch die Wellen" (Nadolny 1990, S. 339).

Therapie als Erzählen setzt das Erzählen des Klienten als zentralen therapeutischen Fokus. Zugleich weist es den Sprachhandlungen des therapeutischen Systems zentrale interventive Bedeutung zu.

Therapiebezogene Fragen lassen sich in entscheidbare und unentscheidbare unterteilen. Erstere sind Fragen, welche die Pragmatik therapeutischen Handelns betreffen: Sie fordern zu einer Festlegung auf, was und wie wir in Therapie handeln sollten.

Antworten auf entscheidbare Fragen sind durch Erfahrung belegbar und aus theoretischen Basissätzen ableitbar. Sie können entdeckt statt erfunden werden: „Wenn der Rahmen, die Spielregeln vorhanden sind, dann ist alles Weitere ... Entdeckung" (von Foerster 1997, S. 34).

Fragen nach nützlichen Basissätzen von Therapie sind unentscheidbare Fragen.

Sie sind beobachter- und standortgebunden; sie verweisen auf neue Fragen. Der Versuch ihrer Bestimmung führt in einen unauflösbaren Zirkel der Rekursivität; sie betreffen Erfindungen.

Zu diesen Fragen zählt jene nach dem Verhältnis von Sprache und Wirklichkeit. Ob es Entsprechungen von „Problem" jenseits von Sprache gibt, ist letztlich nur axiomatisch bestimmbar, vermittels einer willkürlichen Entscheidung.

Problem als Kategorie bzw. wertende Unterscheidung ist ein sprachliches Phänomen. Es tritt nur in der Welt der Sprache auf: „Wenn geredet wird, dann über das Reden über die Sache, nicht über die Sache selbst" (Nadolny 1990, S. 8).

---

gehört wird; sie findet ihre eigene Stimme und entdeckt, daß sie ihr Leben nicht so sehr gemäß ihren eigenen Erfahrungen, sondern vor allem gemäß den Beschreibungen anderer Menschen über ihre Erfahrungen gelebt hat" (Parry 1991, p. 37; Übers.: K. P. G.).

Probleme sind Anlass und thematischer Ausgangspunkt therapeutischer Dialoge. Sie zeigen sich als konflikthafte Verdichtungen eigener Biografie und schmerzhafter Verknotungen menschlichen Zusammenlebens. Die Annahme, „Probleme" seien ausschließlich sprachliche Phänomene, kann im Kontext einer realistischen Epistemologie Ausdruck von Verharmlosung sein, sie kann menschliche Not individualisieren und trivialisieren.

Eine konstruktivistisch begründete Setzung von Problem als sprachliches Phänomen definiert Sprache als von Wirklichkeit unabhängig.

Diese Unterscheidung erklärt Wirklichkeit nicht zur Fiktion. Sie impliziert aber, dass wir über Wirklichkeit jenseits von Sprache nichts Gesichertes aussagen können.

Diese Unterscheidung gründet wiederum in Sprache. Es liegt jenseits unserer Möglichkeiten, sie zu verifizieren oder zu falsifizieren.

Wir können über den Phänomenbereich „Wirklichkeit" und seine mögliche Entsprechung zu „Sprache" keinerlei objektivierbaren Aussagen treffen.

Aussagen gehören selbst dem Phänomenbereich „Sprache" an, sie verweisen in ihrer Begründung immer nur erneut auf Aussagen, die wiederum auf sprachliche Aussagen verweisen: „Was ich weiß, das glaube ich" (Wittgenstein 1992, S. 156).

Um diese Unterscheidung zu markieren, wird im Folgenden von „Problemen" als „Problemen-in-Sprache" die Rede sein.

Mit dieser Axiomatik geht eine Vielzahl möglicher Unterscheidungen einher. Wir können dem Phänomenbereich „Sprache" die Qualität der Vereinfachung, der Strukturierung und Chronologisierung von Erfahrung zuordnen: „Erzählungen neigen dazu, sowohl eine Struktur und Organisation als auch eine Bereitschaft zur Schließung aufzuweisen" (Sheehan 1998, S. 86).

Sprache impliziert die Verringerung von Komplexität und den Ausschluss von Gleichzeitigkeit: Weder kann alles ausgesagt werden, was aussagbar ist, noch kann es zugleich ausgesagt werden. Der Reichtum menschlicher Erfahrung ist in Sprache nur begrenzt und chronologisch erzählbar.

Vermittels Komplexitätsreduktion und Chronologisierung ordnen wir Erfahrung in überschaubarer Art und Weise. Wir erschaffen Ereignisse und Zusammenhänge. Wir erzeugen – so zumindest die

Hoffnung – jenen Grad an Trivialität, der uns Verstehen und Handlungsplanung ermöglicht.[3] Wir konstruieren bzw. verdichten Erfahrung vermittels spezifischer „Weisen der Welterzeugung" (vgl. Goodman 1990).

Setzen wir Komplexitätsreduktion und Chronologisierung von Erfahrung als qualitative Merkmale des Phänomenbereiches „Sprache", so bieten sich für den Phänomenbereich „Realität" Komplexität und Synchronizität als komplementäre Dichotomien an (vgl. Schiepek 1995).

Wenn Probleme nicht dem Phänomenbereich „Realität", sondern jenem der Sprache zugeordnet werden, so muss Therapie als Kur der Rede nicht Realität, sondern Rede, Erzählen, Sprache verändern.

Therapie soll eine Sprache generieren, innerhalb welcher das bezeichnete Problem nicht oder in anderer Bedeutung vorkommt. „Die Lösung des Problems merkt man am Verschwinden dieses Problems" (Wittgenstein 1997, S. 85).

Die Unterscheidung von Sprache und Realität ist therapiepragmatisch nützlich: dem Erzählen eines therapeutischen Systems öffnet sich weites Land, wenn der Therapeut bzw. das therapeutische System zwischen dem unterscheidet, was der Klient erzählt, und dem, worauf sich der Klient als Realität in seinem Erzählen bezieht.

Realität lässt sich weiter, vielfältiger, reichhaltiger, unterschiedlicher denken, als es Sprache wiedergeben kann. „Wenn die therapeutische Haltung gegenüber der Familie von Geschichten ausgeht, wird sich auch die Selbstwahrnehmung der Familie verändern. Ihre Mitglieder werden sich eher in einem Veränderungsprozeß erleben" (Penn u. Sheinberg 1992, S. 117).

Sprache muss sich jedoch als viabel in Bezug auf Realität erweisen. Erweist sich Wirklichkeit als zu anders, so ändert sich unser Erzählen.

Aber dieses „zu anders", dieses Fremde, Nichtviable vermittelt sich uns erneut über Erzählen: Es tritt nicht unmittelbar an uns heran.

Es verwirklicht sich als Bruch zwischen verschiedenen „Wirklichkeitstexten" – als Bruch zwischen einem zeitungebundenen, vom unmittelbaren Moment losgelösten und einem auf den Augenblick unserer Erfahrung bezogenen Text sowie als Bruch zwischen dem,

---

3 „Der Imperativ ‚Trivialisiere die Welt' ist ein impliziter gesellschaftlicher Grundkonsens" (von Foerster 1997, S. 55).

was wir selbst erzählen, und dem, was andere erzählen. Das Scheitern einer Passung von Realität und Sprache ist letztlich ein Scheitern an unserem eigenen Erzählen und am Erzählen anderer.

Brüche zwischen Texten sind Anlässe der Transformation von Erzählen: „Stellen wir uns die Tatsachen anders vor, als sie sind, so verlieren gewisse Sprachspiele an Wichtigkeit, andere werden wichtig. Und so verändert sich, und zwar allmählich, der Gebrauch des Vokabulars der Sprache" (Wittgenstein 1992, S. 132).

Kommunikationen mit uns selbst und anderen induzieren ein fortlaufendes Verstören von Sprache. Umgekehrt erzeugen wir vermittels Handeln und Erzählen fortlaufend eine Varianz und Vielfalt von Realität, die wiederum neue Kommunikationen anregt.[4]

Die Transformation von Sprache ist Gegenstand, Ziel und Prozess sprachlicher Therapie. Indem der therapeutische Dialog Erzählen verändert, zielt er über dieses hinaus auf die gelebte und erlebte Wirklichkeit des Klienten.

Die Auflösung eines Problems-in-Sprache gelingt, wo sprachliche Auflösung sich mit der erlebten Erfahrung einer gelösten Wirklichkeit verknüpft.

> „Wir sind Stimmen in einem Chor
> der gelebtes Leben in erzähltes Leben transformiert
> und der dann Erzählung ins Leben zurückgibt,
> nicht, um Leben zu reflektieren,
> sondern eher, um noch etwas hinzuzufügen, keine Kopie, sondern ein neues Lebensmaß;
> um dem Leben mit jeder Novelle etwas Neues,
> etwas mehr hinzuzufügen."
> (C. Fuentes, zit. nach Anderson 1992, S. 195)

Erzählung und Geschichte

Jede psychotherapeutische Modellbildung verfügt über eine erklärende und bedeutungsgebende Matrix für das Zustandekommen oder die Aufrechterhaltung von Problemen.

---

4 „Wir erzeugen ... die Welt, in der wir leben, indem wir sie leben" (Maturana 1982, S. 269).

Sie konstruiert spezifische biographische, soziale, situative und andere Kontexte, die sich als Flussbett von Problemen denken lassen. Der oben eingeführten Unterscheidung folgend, lassen sich Probleme-in-Sprache auf wiederum Sprache zurückführen. Ein Problem-in-Sprache ist in eine Vielzahl weiterer Erzählungen eingebettet – „Das, woran ich festhalte, ist nicht ein Satz, sondern ein Nest von Sätzen" (Wittgenstein 1992, S. 164).

Erzählungen rund um ein Problem-in-Sprache zirkulieren in unterschiedlichen Räumen – in uns selbst wie auch innerhalb der verschiedenen sozialen Systeme, denen wir angehören, und auf unterschiedlichsten Ebenen der Abstraktion.

Ein Problem-in-Sprache wird durch seine Einbindung in dieses Netzwerk von Erzählungen aufrechterhalten.

Dieses Netzwerk von Erzählungen fungiert als markierender Bedeutungsrahmen: „Erzählungen bzw. narrative Strukturen sind selbstregulierende semantische Systeme, die ein Thema, Charaktere und ein Setting beinhalten. Diese narrativen Komponenten regeln die Bedeutung der Geschichte und werden ihrerseits durch diese Bedeutung geregelt ... jede gegebene Erzählung ist in ein komplexes Netzwerk von sich reziprok beeinflussenden Narrativen eingefügt." (Sluzki 1992, S. 219; Übers.: K. P. G.).

Das Netzwerk von Erzählungen rund um ein Problem-in-Sprache lässt sich als „Geschichte" denken. Diese Geschichte organisiert unser Wahrnehmen; sie regt spezifische Interpunktionen von Wirklichkeit an, impliziert spezifische Formen der Bewertung und Attribuierung von Erfahrung, verwirklicht sich in unseren Beschreibungen und Erklärungen.

Geschichte umfasst Erzählungen über das Entstehen und die Entwicklung eines Problems, Verlaufsannahmen, Definitionen, Operationalisierungen, Zuordnungen und Erklärungen. Sie beinhaltet Annahmen über Schuld und Unschuld, Täter- und Opferschaft, Querverweise, Analogien und Metaphern.

„Es bildet sich nach und nach ein System von Geglaubtem heraus, und darin steht manches unverrückbar fest, manches ist mehr oder weniger beweglich. Was feststeht, tut dies nicht, weil es an sich offenbar und einleuchtend ist, sondern es wird von dem, was darum herumliegt, festgehalten" (Wittgenstein 1992, S. 150).

Die Transformation von Handlungen

Psychotherapie zielt in der Regel nicht auf die direkte Veränderung eines Problems ab, sondern sucht nach Möglichkeiten der Auflösung jener inneren und/oder äußeren kontextualisierenden Bedingungen, die es generieren oder aufrechterhalten. Aus einer narrativen Perspektive bilden die Geschichten der Mitglieder eines Problemsystems um ein Problem-in-Sprache den zentralen Kontextraum.

Das angesprochene System von Geglaubtem ist kein ein für alle Mal feststehendes. Es ist der Oberfläche eines „Meeres von Geschichten" vergleichbar, und dieses Meer hält in seiner Weite eine Vielzahl anderer Erzählungen bereit. „Keine Geschichte kommt aus dem Nichts; neue Geschichten entstehen aus alten – die Kombination ist es, die sie zu neuen macht" (Rushdie 1991, S. 102).

Erzählungen steigen vom Grund dieses Meeres nach oben, zirkulieren in unterschiedlichsten Tiefen, verknüpfen sich miteinander, lösen sich voneinander, entknoten sich.

Erzählungen driften an die Oberfläche und sinken nach und nach wieder in die Tiefe zurück.

Sie befinden sich in einem fortlaufenden Prozess der Komposition und Dekomposition (vgl. Goodman 1990), sind in beständiger Umformung begriffen.

Das Fortbestehen eines Problems-in-Sprache, das An-der-Oberfläche-Bleiben einer spezifischen Erzählung verweisen darauf, dass dieser Fluss- und Transformationsprozess in Bezug auf einen bestimmten Wirklichkeitsausschnitt zum Stillstand gekommen ist.

Therapie verwirklicht sich im Versuch, den Driftungsprozess von Erzählungen erneut zu beleben. Sie bedient sich des Erzählens, um neues Erzählen zu erfinden – in der Hoffnung, dass sowohl die Sprache des Klienten als auch sein damit einhergehendes Handeln einem Unterschied des „do something different" (de Shazer 1985, p. 131) folgen.

Therapie operiert handlungsbezogen vermittels Empfehlungen und Aufgabenstellungen. Der Therapeut regt den Klienten an, innerhalb und außerhalb des therapeutischen Gesprächs „Wirklichkeiten" zu kreieren, die sich als nichtviabel zur Erzählung Problem-in-Sprache erweisen.

Die Geschichte rund um ein Problem-in-Sprache konstituiert Sinn und Bedeutung – sie schafft einen referenziellen Rahmen für unser Erleben und unsere Erfahrungen, innerhalb dessen wir unserer selbst und anderer bewusst werden.

Die Geschichte organisiert unser Handeln und Interagieren – sie bedingt eine spezifische Selektion unserer Optionen, uns in der Welt zu bewegen. Unser Handeln wiederum evoziert spezifische Erfahrungen von Wirklichkeit, die uns dazu anregen, unser Erzählen beizubehalten oder zu transformieren.

Dies trägt in sich die Möglichkeit, dass wir als Individuen bzw. als „geschichtenerzählende Gemeinschaft" (Parry 1991, p. 39) unser Erzählen fortwährend reproduzieren, indem wir nur jene Erfahrungen erzeugen und/oder fokussieren, die das, was wir glauben, bestätigen und festhalten.

Dies trägt in sich aber auch die Möglichkeit, durch Handeln Wirklichkeiten zu erzeugen, die uns nahe legen, unser Erzählen zu ändern. Handeln kann so eine Abzweigung des Flusslaufes bereitstellen, von der aus unser Erzählen einen neuen Verlauf nimmt.

DIE TRANSFORMATION VON SPRACHE

Therapie aktualisiert sich in der Infragestellung der bisherigen Geschichte rund um ein Problem-in-Sprache, in der Erkundung ausgelassenen Erzählens und im gemeinsamen Erfinden alternativer Erzählungen.

Hilfreiche Therapie verwirklicht, was Leben in der Regel selbst leistet – sie generiert Transformationsprozesse im Sinne produktiver Verstörung.

Psychotherapie hat vordergründig Erzählungen des Scheiterns von Leben in bestimmten Ausschnitten zum Gegenstand – Erzählungen über fehlgeschlagene oder nicht ausreichende Lösungen, über einschränkende Lebensentwürfe und schwierige Beziehungen; Erzählungen, in denen Menschen nicht an ein gutes Ende kommen.

Therapie als Erzählen sucht in der erzählten Geschichte selbst nach Möglichkeiten ihrer Auflösung – in dem, wovon sie handelt, in dem, wie sie erzählt wird, in dem, wie sie mit anderen geteilt wird.

Die Geschichte eines Klienten rund um ein Problem-in-Sprache ist Lösungsversuch im weitesten Sinn. Sie leistet Bedeutungs- und Sinngebung im Rahmen eines als leidvoll oder schwierig erlebten

Lebensausschnittes. Sie ordnet die Komplexität der Erfahrung des Klienten. Sie schafft erklärende und ordnende Verknüpfungen. Sie organisiert sein problemauflösendes Handeln.

Zumeist ist dies ein produktiver Prozess. Die Grundmatrix unseres Lösungshandelns ist jene des Ausgleichs – wir versuchen, im Sinne eines „systemischen Antagonismus", in einer „Balancierung gegenläufiger Tendenzen" (Simon 1995, S. 73) mehr von dem zu tun oder zu erlangen, was uns fehlt, und das zu reduzieren, was uns behindert.

Löst sich ein Problem-in-Sprache nicht auf, so dynamisiert sich in der Regel dieser Prozess. Wir variieren unser Problemlösungshandeln im Versuch, bessere Passungen herzustellen.

Sind die Möglichkeiten der Variation eingeschränkt, kommt es zu einer Verfestigung unseres Erzählens. Unser Lösungshandeln und unser damit verbundenes Kommunizieren verhärten sich und erzeugen so eine Stabilisierung des Problems-in-Sprache.

Diese Verhärtung ist in einer internalen und/oder externalen Begrenzung der Möglichkeiten begründet, wovon und wie erzählt werden kann bzw. darf.

Begrenzung ist zum einen Folge gelebter und erlebter persönlicher Geschichte. Sie gründet in Erfahrungen der Einschränkung möglichen Erzählens innerhalb vergangener und/oder gegenwärtiger sozialer Lebenswelten. Begrenzung verwirklicht sich als Zensur der Vielfalt der Möglichkeiten, eigene Erfahrung zu versprachlichen, in der Einengung von Sprache auf eine spezifische Matrix des Erzählens.

Begrenzung zeigt sich zum anderen in der Beschränkung sozialer Diskurse, die an ideelle, kulturelle, politische, ökonomische und ökologische Bedingungen gebunden sind: „Diskurse entstehen nicht im luftleeren Raum, sie haben immer materiale Bedingungen, die ihr Erscheinen, ihren Inhalt und ihr Ziel bestimmen" (Schmidt 1996, S. 23).

Äußere und innere Begrenzung konstituieren einander. Ihre Wechselwirkung birgt nicht nur die Schattenseite der Einschränkung und Enge, sie ermöglicht auch soziale Koordination. Wer unbegrenzt konstruiert, verlässt den Raum sozial geteilter Wirklichkeit. [5]

---

5 Eine Analogie hierfür findet sich im Konzept der „bezogenen Individuation" (Stierlin 1988).

Unsere Lebenswelten und biografischen Erfahrungen sind unterschiedlich. Sie können Vielfalt, Multiperspektivität, Mehrstimmigkeit von Erzählen und zugleich jene Begrenzung bereitstellen, derer es im Zuge sozialer Koordination bedarf.

Eine Kultur der Einstimmigkeit, des Monologisierens, der dominanten und ausschließlichen Geschichten begrenzt und erschwert den produktiven Umbau von Erzählungen.

Einstimmigkeit geht mit einer dichotomen Aufteilung von Macht und Ohnmacht in sozialen Systemen einher und festigt diese zugleich: Sie lässt anderes Erzählen nicht zu Wort kommen.

Dominante und alternative Erzählungen

Therapie führt Varianz in das Erzählen des Klienten ein und öffnet diskursiven Raum.

Die aktualisierte Geschichte eines Klienten rund um ein Problem-in-Sprache ist nur eine unter möglichen anderen. Sie ist eine, der andere potenziell aktualisierbare Geschichten gegenüberstehen.

Die Dominanz der Geschichte, die der Klient erzählt, gründet nicht in ihrer Wahrhaftigkeit, in ihrer Fähigkeit, Wirklichkeit besser bzw. genauer abzubilden, als es andere Geschichten könnten.

Ihre Dominanz gründet in ihrer Einbettung in ein System des Geglaubtem.

Damit werden alternative Erzählungen ausgeschlossen, deren Aktualisierung mit Ungewissheit, mit einem Verlust an Sicherheit und Vertrautem einhergehen würde.

Dominantes Erzählen rund um ein Problem-in-Sprache ist häufig entwertend und defizitorientiert. „Dominante Diskurse ... schränken ein, was wir fühlen, denken und tun können. Was nicht Teil des Diskurses ist, formt unsere Erfahrung in ebenso kritischer Weise wie der Diskurs selbst" (Weingarten 1991, p. 286; Übers.: K. P. G.).

Therapie als Erzählen ist um die Herstellung von Brüchen in Bezug auf dominante Erzählungen bemüht: Sie versucht, (be-)herrschende Erzählungen hinsichtlich ihrer Glaubwürdigkeit infrage zu stellen und an ihrer Stelle konkurrierende, alternative Erzählungen einzuführen und zu fördern.

Alternativen Erzählungen muss Gewicht und Bedeutung zukommen. Sie müssen sich als passungs- und anschlussfähig in Bezug auf den Klienten und seine Lebenswelt erweisen.

Alternatives Erzählen erschließt sich in der Regel nicht als großer Gegenentwurf, sondern als fragmentarische, bescheidene, kleinräumige Veränderung von Bedeutung.

Kleinräumigkeit ist ein wesentliches Kriterium guter Therapie. Sie zeigt sich im Auffinden von Anknüpfungspunkten für alternatives Erzählen im Vertrauen auf eine Aktivierung sich selbst organisierender Veränderungsprozesse des Klienten:

„Sind miminale Veränderungen initiiert (die Aufgabe des Therapeuten) ..., werden weitere Veränderungen durch den Klienten selbst generiert" (Spiegel a. Linn 1969, p. 54; Übers.: K. P. G.).

Therapie kann durchaus kurze Therapie sein, wenn sie nur achtsam und langsam genug ist.

Problemgeschichten gleichen fest gemauerten Torbögen (M. White, pers. Mitteilung 1989). Ein Stein – eine Erzählung – fügt sich nahtlos an den anderen.

Gelingt es im Kontext von Therapie, einen Mauerstein zu verrücken oder zu versetzen, so kann er Angel- und Ausgangspunkt eines alternativen Tor- bzw. Erzählbogens sein – eines Bogens, der seinerseits zu einem anderen als dem bisherigen Anfang und einem anderen als dem bisherigen Schluss führt.

„Man könnte sich vorstellen, daß gewisse Sätze von der Form der Erfahrungssätze erstarrt wären und als Leitung für die nicht erstarrten, flüssigen Erfahrungssätze funktionierten; und daß sich dies Verhältnis mit der Zeit änderte, indem flüssige Sätze erstarrten und feste flüssig würden ... die Mythologie kann wieder in Fluß geraten, das Flußbett der Gedanken sich verschieben" (Wittgenstein 1992, S. 140).

Erzählungen als Bausteine von Sprachspielen

„System" bezeichnet die Konstruktion eines Beobachters. Sie gründet in Operationen der Unterscheidung von Systemelementen (Komponenten), spezifischen Relationen und einer (Umwelt-) Grenze.

Im Kontext einer Geschichte lassen sich Erzählungen bzw. „Narrative" als Komponenten denken, die innerhalb der thematischen Sinngrenze – des überbrückenden Themas – vermittels Relationen miteinander verknüpft werden.

Diese Verknüpfung von Narrativen konstituiert eine Sinn erzeugende Matrix des Erzählens. „Da man in Sprache nicht aus der Sprache heraustreten kann, findet sich dort das Ende der Legitimation, wo auf das pragmatische Fundament nur noch verwiesen werden kann ... die Verknüpfung von Sprache und Lebensform konstituiert erst das, was wir die Sicherheit im Sprachspiel nennen, und damit das epistemologische Fundament ... diese Sicherheit ist in Form der Tat in unsere Sprachspiele eingelassen, und sie zeigt sich in unseren Lebensformen, d. h. in der Akzeptanz bestimmter Voraussetzungen als Tatsachen" (Fischer 1991, S. 59).

Erzählungen bilden die Grundbausteine eines Textes. Sie lassen sich gemäß einer beschreibenden (deskriptiven), erklärenden (explikativen) und bewertenden (evaluativen) Funktion unterscheiden.

Deskriptive Narrative

Deskriptive Erzählungen bezeichnen Operationen der Qualifikation von Sachverhalten. Ein Sachverhalt/ein Satzteil (Thema) wird durch einen anderen Teil des Satzes (Rhema) – etwa ein Subjekt durch ein Prädikat – näher bestimmt.

Explikative Narrative

Explikative Narrative bezeichnen Operationen der Erklärung. Sachverhalte werden einander in einer finalen oder/und kausalen Weise zugeordnet. Ein oder mehrere Satzteile fungieren als Explanandum, ein oder mehrere andere Satzteile als Explanans. Erklärungen sind eine „Angabe von Mechanismen, wie das Unterschiedene und Bezeichnete auseinander hervorgeht, entsteht oder verursacht wird" (Retzer 1995, S. 211).

Evaluative Narrative

Evaluative Erzählungen bezeichnen affektive Qualifikationen von Sachverhalten. Hilfreich in diesem Zusammenhang ist der Rekurs auf eine grundlegende Bewertungsmatrix, die evaluative Operationen als entlang der Dichotomien „aktiv – passiv", „gut – böse", „schwach – stark" verteilt denkt (vgl. Osgood et al. 1975).

Eine Geschichte rund um ein Thema – etwa um ein spezifisches Problem-in-Sprache – lässt sich als aus unterschiedlichen deskriptiven, explikativen und evaluativen Narrativen zusammengefügt denken. Sie umfasst Beschreibungen von Problemen, Beschreibungen von als problemassoziiert gedachten Kontexten, Beschreibungen von Hindernissen, von prognostizierten Entwicklungen, von

Problemlösungsversuchen, Beschreibungen von Zielen und anderes. Sie inkludiert u. a. Erklärungen von Problemen und von Problemen „hinter" Problemen sowie Bewertungen, die ihrerseits Beschreibungen und Erklärungen qualifizieren.

Beschreibungen, Erklärungen und Bewertungen bedingen einander wechselseitig.

Figurale Ereignisketten

Problemassoziierte Geschichten entsprechen in ihrer Anordnung spezifischen „figuralen Ereignisketten" (Stückrath 1992, S. 40), welche die Vielfältigkeit der Erfahrung des Klienten auf ein zentrales „Motiv" fokussieren.

Figurale Ereignisketten lassen sich spezifischen Geschichtenströmen gleichsetzen. Der Klient ordnet seine Erfahrungen um ein zentrales Erzählthema und stellt so einen Sinn gebenden Bedeutungsrahmen für sein Erleben, Erzählen und Handeln her.

Im Kontext von Therapie dominieren die folgenden Motive.

Geschichten der Unterdrückung

Der Klient beschreibt eine Lebens- oder Interaktionssituation, die durch einen oder mehrere soziale andere, durch einschränkende materielle/soziale Bedingungen, politische Strukturen, lebensbehindernde Umstände oder durch als Entitäten gesetzte Symptome oder Probleme dominiert wird.

Sein Erzählen thematisiert die Auseinandersetzung mit diesen Antagonisten. Es handelt vom Verlust an Freiheit und autonomer Handlungssteuerung, von Unterdrückung und Bemächtigung, von damit einhergehender Unterwerfung bzw. von Versuchen des Standhaltens oder dem Bemühen um Befreiung.

Geschichten der Kränkung, Verletzung und Bedrohung

Der Klient erzählt von psychischer oder sozialer Kränkung und Verletzung. Seine Geschichte handelt von vergangener, gegenwärtiger und/oder antizipierter Bedrohung, von physischer, psychischer, sexueller oder struktureller Gewalt, von ökonomischem Druck, von Bedrohung durch Krankheit und anderem, was den Lebensentwurf des Klienten erschüttert und infrage stellt. Sie kreist um Erfahrungen der Schutzlosigkeit und des Ausgeliefertseins. Sie handelt von Scham,[6] von Schuld und Unschuld, von Vergessen und Erinnern, vom Verlust eigener Wertigkeit und eigenen Stolzes, von der Suche nach Möglichkeiten von Heilung bzw. Integration.

Geschichten von Entbehrung und Mangel

Der Klient erzählt von Entbehrungen hinsichtlich zentraler Bedürfnisdimensionen, von psychischen, sozialen oder wirtschaftlichen Situationen des Mangels, auf die er wenig oder keinen Einfluss hat. Sein Erzählen fokussiert Möglichkeiten des Ausgleichs, des Verzichtes oder des Lebens mit einem „wenig genug".

Geschichten von Schuld

Der Klient erzählt von einer Erfahrung eigener Schuld. Diese kann im Vollzug oder in der Unterlassung von Handlungen bestehen – etwa in der Ausübung von Gewalt, im Zufügen von Schaden und Kränkung, in unterlassenem Verstehen, in Loyalitätsbrüchen und anderem.

Er fokussiert Fragen der Verantwortung und potenzieller Auflösbarkeit von Schuld. Sein Erzählen thematisiert Möglichkeiten der Annahme, des Verstehens, der Wiedergutmachung oder Tilgung.

Geschichten des Verlustes

Der Klient erzählt von einer für ihn zentralen Verlusterfahrung – vom Tod eines Angehörigen, von der Auflösung einer Beziehung, vom Verlust der Arbeit, vom Verlust von Gesundheit und damit einhergehenden chronischen Beeinträchtigungen oder Behinderungen.

Sein Erzählen kreist um personale und soziale Möglichkeiten der Bewältigung von Verlust. Es fokussiert den Umbau von Selbst-Erzählungen und mögliche Reorganisationen seiner Lebenswelt.

---

6 Zuweilen kommt es bei sexuellen Missbrauchserfahrungen zu inadäquaten Zuschreibungen von Verantwortung bzw. Täter- und Opferschaft seitens der Opfer, der Täter und wichtiger sozialer anderer wie Angehöriger, Richter, Polizei und Medien. Opfer können – um ihre Erfahrung einordenbar und verstehbar zu machen – ihrem eigenen Handeln im Kontext oder Vorfeld einer Mißbrauchssituation mehr an Gewicht und Bedeutung zuschreiben, als ihm de facto zukommt, insbesonders dann, wenn sich die Handlungsmotivation des Täters ihrem Verstehen entzieht.

Zuweilen sind mehrere figurale Ereignisketten ineinander verflochten: Geschichten von Verlust können mit Geschichten von Schuld „verknotet" sein, Geschichten der Bedrohung gehen mit solchen der Unterdrückung, der Verletzung und Kränkung einher.

Ziel- und Auftragsklärung im Kontext des therapeutischen Erstgespräches kann unter anderem dabei hilfreich sein, Verflochtenes zu entwirren, einzelne Geschichtenströme zu unterscheiden und zu ordnen sowie Prioritäten der Problemauflösung zu bestimmen.

3. Die Innenseite des Erzählens

> „Wie kommt das Neue in die Welt? Wie wird es geboren? Aus welchen Verschmelzungen, Verwandlungen, Verbindungen besteht es?" (Rushdie 1989, S. 18)

In Bezug auf Erzählen lassen sich mehrere Kontexte unterscheiden. Sie markieren mögliche Abzweigungen im Fluss des Erzählens innerhalb einer gegebenen Sinngrenze und stellen so unterschiedliche Fokusse interventiver Anknüpfung zur Verfügung.

Erzählen lässt sich als in folgende Kontexte eingebunden verstehen:

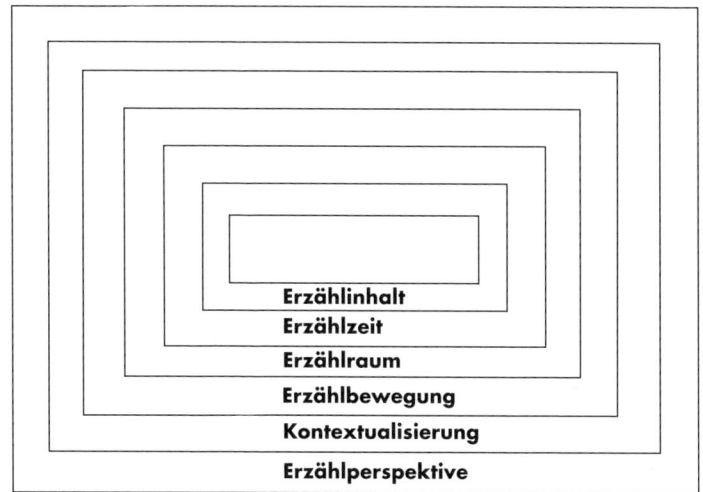

Die jeweiligen Kontextebenen sind als Dichotomien angeordnet. Welche Seite der jeweiligen Dichotomie aktualisiert und welche ausgelassen bleibt, ist Ausdruck von Regelsetzungen und somit eines bestimmten Sprachspiels.

Jedwedes Erzählen ist zugleich Ausschluss all der anderen Möglichkeiten des Erzählens, die im Augenblick nicht realisiert werden. Unterschiedsorientiertes therapeutisches Erzählen verwirklicht sich in der (Wieder-)Einführung ausgelassener Erzählungen vermittels der Utilisation von Dichotomien.

Therapeutische Interventionen sind unterschiedsorientierte Operationen, die die Transformation eines problemassoziierten „Sprachspiels" ermöglichen. Im Verlauf des therapeutischen Dialoges löst sich das problemassoziierte Sprachspiel nach und nach auf, ein alternatives Sprachspiel verdichtet sich.

Die Fokusse „Inhalt", „Zeit", „Raum", „Bewegung", „Kontextualisierung" und „Perspektive" generieren Brücken zwischen aktualisierten und nichtaktualisierten Sprachspielen.

Wenn wir davon ausgehen, dass „die Welt des Glücklichen eine andere (ist) als die des Unglücklichen" (Wittgenstein 1997, S. 83), so leistet therapeutisches Erzählen eine Verbindung getrennter „Sprach-Welten". Ihre Unterscheidbarkeit wird aufgehoben.

Auf der Ebene von „Spielregeln" lässt sich dieser Prozess als Erweiterung bisheriger Regeln des Erzählens verstehen.

Erzählinhalte

Eine Erzählung kann vorwiegend Problem- oder Lösungsaspekte eines Wirklichkeitsausschnittes fokussieren.

„Problemaspekt" meint, dass das Erzählen Leidvolles oder Schwieriges in den Vordergrund stellt. Es thematisiert Barrieren und Hindernisse, es beleuchtet Scheitern, Nichtgelungenes, Unbewältigtes.

„Lösungsaspekt" meint, dass das Erzählen um Gelungenes, um Unterschiede vom Problem, um Ausnahmen, um Schritte der Bewältigung, um Ziele und Problemlösungen sowie um Ressourcen und Kompetenzen des Klienten kreist.

Erzählinhalte verändern sich, wenn sich der Fokus des therapeutischen Dialogs in die eine oder andere Richtung verschiebt. Inhaltliche Transformationen bedingen, dass Problem- und Lösungsaspekte einander zunehmend überschneiden.

Da die meisten Erzählungen von Klienten Probleminhalte thematisieren, fokussiert das therapeutische Gespräch unter dem Leitaspekt der Unterschiedsorientierung häufig Lösungsinhalte. Eine Einführung von Lösungsinhalten wird durch Fragen nach Ausnahmen und Unterschieden von Problemen, durch Fragen nach hilfreichen Strategien und Teilschritten von Problemauflösung, durch Umdeutungen und positive Konnotationen verwirklicht.[1]

Eine andere Option der Überbrückung eröffnen skalierende Unterscheidungen von Problem- und Lösungsphänomenen. Sie markieren Problem und Lösung als zwar quantitativ voneinander verschieden, zugleich aber als über eine gemeinsame Bezugsdimension verbunden. In dieser Weise werden Problem- und Lösungsphänomene einander nahe gerückt: Das Problem ist immer zugleich auch Ausprägung der Lösung – „Angst" ist zugleich ein geringes Maß an Sicherheit, das aggressive Verhalten eines Kindes beginnendes Lernen sozialer Kooperation, Unruhe verminderte Gelassenheit.

Eine andere Form des Brückenschlages zwischen Problem- und Lösungsinhalten ergibt sich aus der Konstruktion eines erweiterten Rahmens für den betreffenden Wirklichkeitsausschnitt. Ein Problem kann unter Umständen als bereits vorhandener Teil der Lösung gedacht werden, als etwas, das der Klient bereits bewältigt bzw. gelernt hat, während ein anderer Teil der Lösung noch offen ist.

Diese Markierung ist manchmal im Kontext von Paartherapien hilfreich: Wird etwa ein eskalierendes Streitverhalten eines Paares nicht als Problem, sondern als bereits realisierter Teil einer übergeordneten Zielsetzung des Paares gedacht – „sich streiten und sich versöhnen können", „Autonomie und Gemeinsamkeit realisieren können" –, so sind sowohl Problem als auch Lösung Teil von Lösung. Das Erlernen des einen kann möglicherweise sogar Hinweis auf ein Erlernen des anderen geben.

Eine weitere Möglichkeit eröffnet sich in der Bewertung eines Problems in Relation zur Lebenssituation des Klienten. Sind Probleme in einen sehr dunklen und schwierigen Lebenshintergrund eingebettet, so kann ein Problem einen bereits vollzogenen Schritt der Problemlösung darstellen. Sein Bedeutungsgehalt und sein Gewicht

---

1 Ein Beispiel dafür findet sich bei Albert Camus: „Ohne Schatten gibt es kein Licht, man muß auch die Nacht kennenlernen ... Wir müssen uns Sisyphos als einen glücklichen Menschen vorstellen" (Camus 1959, S. 101).

wandeln sich, wenn wir es in Beziehung zu dem setzen, was soziale und biographische Bedingungen an Not oder Schwierigkeit nahe legen.

Eine polarisierende Unterscheidung von Problem- und Lösungsinhalten steht oft am Beginn des therapeutischen Gespräches – das Gewünschte, Gehoffte ist in weiter Ferne. Es birgt die Qualität der Utopie, des ganz Anderen, im Vergleich zur erlebten und gelebten Wirklichkeit.

Verknüpfen sich Problem- und Lösungsinhalte über verbindende Brücken wie Ausnahmen, Zeit, Kontext, Bedeutung und Ökologie, beginnt sich ihr Abstand aufzulösen. Freilich bergen Operationen der Überbrückung auch die Gefahr therapeutischer Gewalt, wenn sie Fragen der „Passung" außer Acht lassen.[2]

Das Bestehen von Problemen-in-Sprache kann jedoch auch an ein Sprachspiel des Klienten geknüpft sein, das vorwiegend oder ausschließlich Lösungsinhalte fokussiert. Besteht in diesem Zusammenhang überhaupt ein Wunsch nach Problemauflösung bzw. ein therapeutischer Auftrag, so bedarf es der Einführung von Probleminhalten, um Unterschiede zu fördern – freilich in der Absicht, mit ihrer Hilfe Lösungen für die Frage des Klienten zu konstruieren.

Eine mögliche Verschiebung des Fokus von Lösung zu Problem verwirklicht sich in der Problematisierung von Beschreibungen, die ausschließlich Geglücktes und Gelungenes thematisieren.[3] Sie aktualisiert sich in der Problematisierung von Klientenzielen vermittels eines Fragens nach mit einer Problemauflösung einhergehenden Nachteilen, Einschränkungen oder Verlusten.

---

2 „Die wunderbare Idee der positiven Umformulierung von Problemen führte dazu, daß ich den Themen, die sich nicht rasch und ordentlich dingfest machen ließen, aus dem Weg ging. Wenn ich den Klientengeschichten, die von Scham und Schuld handelten, kein Gehör schenkte, dann würden sie, so hoffte ich, sich von selbst erledigen. Schließlich aber, als beispielsweise einer meiner Kollegen ein Inzestgeheimnis einer Familie in einer Weise umformulierte, daß er von einem ‚Übermaß an Liebe' sprach, geriet mein Glaube daran, daß sich die meisten Probleme durch positive Umformulierung lösen ließen, ins Wanken" (Welter-Enderlin 1985, S. 69).
3 Diese Situation findet sich zuweilen in Therapien im Kontext gerichtlich auferlegter Therapie (deWaal 1998).

Der folgende Gesprächsausschnitt markiert die Einführung eines Lösungsinhalts im Kontext eines Erstgespräches mit einem Jugendlichen, der seitens des schulpsychologischen Dienstes wegen Konzentrationsproblemen überwiesen wurde. Der Ausschnitt gibt einen Brückenschlag zwischen Problem- und Lösungsinhalten wieder, indem das als Problem attribuierte Verhalten als Teil der Lösung redefiniert wird.

Therapeut: Wie gelingt es dir, dich schlecht zu konzentrieren?
Klient: Ich höre einfach nicht auf das, was die Lehrer sagen.
Therapeut: Das ist ja nicht einfach. Worauf hörst du stattdessen?
Klient: Na ja, es reden ja meistens auch ein paar andere. Da höre ich zu. Und draußen tut sich auch oft etwas. Und dann denke ich an alles Mögliche.
Therapeut: Worauf konzentrierst du dein Denken?
Klient: Wo ich zum Beispiel am Abend hingehen werde. Wen ich da treffen werde. So Sachen halt. Was ich trinken werde. Alles Mögliche halt.
Therapeut: Du vergegenwärtigst dir, wie der Abend ablaufen wird, in allen Einzelheiten. Eine richtige Kinowelt im Kopf.
Klient: Genau. Ich stelle mir das einfach vor.
Therapeut: Wenn du dir das vorstellst, sind es mehr die Bilder, auf die du dich konzentrierst, oder mehr der Text, die Wörter, auf die du achtest?
Klient: Hm … schwer zu sagen … Ich glaube, beides.
Therapeut: Hm … wenn du dir vorstellst, du sitzt am Abend in einem Lokal, und du trinkst etwas, wie genau malst du dir diese Vorstellung aus?
Klient: Na ja, irgendwie ist das ziemlich konkret – ich meine, wenn ich mir meinen Freund A. vorstelle, dann sehe ich sein Gesicht direkt vor mir, wie er grinst oder was sagt oder so, und wenn ich mir vorstelle, dass ich was trinke, dann sehe ich richtig das Glas vor mir, und dann spüre ich richtig, wie das schmeckt oder riecht.
Therapeut: Fast so wie *virtual reality*, nur ohne technische Hilfsmittel. Das ist beeindruckend. Wie hast du dir diese Vorstellungsfähigkeit, diese Fähigkeit, dich auf etwas so genau in allen Details konzentrieren zu können, angeeignet?
Klient: Schwer zu sagen. Ich habe gar nicht das Gefühl gehabt, dass das was Besonderes ist.

Therapeut: Das klingt fast so, als ob du selbst überrascht von dir bist. Wer außer dir weiß noch von deiner Fähigkeit, dich so genau zu konzentrieren? Wer kennt dieses Geheimnis?

Klient: Na ja, mein Onkel vielleicht ... er sagt immer, ich bin sein schwierigster Gegner beim Schach, obwohl ich fast immer verliere ... aber ich glaube kaum, dass das sonst jemand bemerkt. Mein Mathematiklehrer meint immer nur, ich soll nicht so viel träumen ... und meine Mutter meint das auch. Sie schimpft nur.

Therapeut: Mhm ... es ist ein gut gehütetes Geheimnis. Dein Onkel kennt es andeutungsweise ... kennen es deine Freunde? Kennt es A.?

Klient: Ich glaube nicht. Der achtet nicht auf so was.

Therapeut: Angenommen, du würdest ein Stück von deinem Geheimnis preisgeben ... nicht das ganze, nur einen kleinen Teil ... woran würde dein Mathematiklehrer merken, dass du diese Fähigkeit besitzt? Ich weiß ja nicht, ob er eher einer ist, der sehr aufmerksam ist, sich auf kleine Hinweise konzentriert. Woran würde er es merken?

Klient: Na ja, der merkt schon schnell was ... Woran er es merken würde? Wahrscheinlich daran, dass ich ihm zuhöre und ab und zu was sage.

Therapeut: Mhm ... das hieße, du würdest deine Konzentration bewusst dorthin steuern, wo du sie haben willst ... aber das kannst du ja ohnehin schon. Erkläre mir, was der Unterschied wäre.

ERZÄHLRAUM

Erzählen lässt sich entlang einer räumlichen Dichotomie von innen und außen unterscheiden.

Erzählen hat das Innen zum Gegenstand, wenn es um als innere attribuierte Prozesse wie Denken, Fühlen, Erleben und physiologische Vorgänge kreist.

Das Außen als Erzählraum umfasst Sicht- und Hörbares – es fokussiert Verhalten, Sprache, Interaktion, situative Gegebenheiten, räumliche und zeitliche Kontexte, soziale, ökonomische, materielle, ökologische und gesellschaftliche Gegebenheiten.

Die Regeln unseres Sprachspiels legen fest, innerhalb welchen Raumes wir rund um ein Problem-in-Sprache vorwiegend erzählen und welcher Raum unerzählt bleibt.

Die Wahl eines inneren oder äußeren Erzählraums geht mit der Fokussierung spezifischer Problemlösungen einher. Wird ein Problem als internales konnotiert, geht dies in der Regel mit einem inneren Lösungsfokus einher. Wir versuchen, problemhaftes Erleben oder Denken durch anderes Erleben oder Denken aufzuheben.

Probleme, die als externale konnotiert werden, legen eine externale Lösungssuche nahe: Sie werden vorrangig über die Aktualisierung alternativen Verhaltens oder Interagierens aufzulösen versucht.

Therapie als unterschiedsorientiertes Erzählen ermöglicht eine Abweichung vom bislang gültigen Sprachspiel. Sie kann explikativ Innenraum als determinierenden Kontextraum von Problemen erschließen, falls dieser bislang unerzählt blieb.

Sie kann sich umgekehrt von den inneren Beschreibungen und Erklärungen eines Klienten hin zu seinen Handlungen, seiner Alltagsgestaltung, seiner Lebensorganisation oder seinen Formen der Beziehungsgestaltung bewegen und einen äußeren Erzählraum einführen.

Das Erzählen eines Klienten im Kontext eines Angstproblems kreiste zu Beginn des therapeutischen Dialogs ausschließlich um seine inneren Gedanken und Gefühle. Sein bisheriger Lösungsversuch bestand in der Reflexion spezifischer Glaubenssätze und im Nachdenken über die eigene Biographie.

Im therapeutischen Diskurs verschob sich seine Aufmerksamkeit nach und nach auf den äußeren Erzählraum. Angst wurde zunehmend als sinnvolle Form von Rückzug redefiniert, als Möglichkeit der Zurückweisung hoher Erwartungen und Ansprüche anderer, ohne dass er zugleich konflikthafte Auseinandersetzung im Kontext seiner Arbeit riskiert hätte.

Mit der Verschiebung des Erzählraumes ging die Suche nach alternativen Möglichkeiten der Abgrenzung einher. Sie mündete in eine Veränderung seiner Arbeitsbedingungen und in eine neue Gestaltung der Beziehung zu seinen Kollegen und Vorgesetzten.

Reflexion und Handeln markieren unterschiedliche Optionen von Problemlösung (A. Retzer, pers. Mitteilung 1993) Reflexion korrespondiert vorwiegend mit innerem, Handeln mit äußerem Erzählraum. Eine Verschiebung des Erzählraumes geht mit veränderten Lösungszugängen einher.

Zuweilen korrespondiert die Unterscheidung von innerem und äußerem Erzählraum mit der Unterscheidung von Selbst und anderen. Wer in dieser Gleichsetzung erklärend auf den äußeren Raum zurückgreift, unterlässt personale Verantwortungszuschreibung und zumeist auch die Attribuierung personaler Lösungskompetenz. Der Fokus seiner Lösungssuche richtet sich auf die Veränderung sozialer anderer.

Dies ist ein Kennzeichen vieler Paarkonflikte – wird eine Schwierigkeit als external durch das Handeln bzw. die Persönlichkeit des Partners determiniert betrachtet, unterbleibt internale Verantwortungszuschreibung. Es entsteht eine verhärtete Erzählung, innerhalb welcher der Erzähler sich selbst als Opfer und den Partner als Täter konnotiert. Seine Lösungssuche fokussiert Möglichkeiten der Veränderung des Verhaltens oder der Eigenschaften des Partners, was häufig eine symmetrische Eskalation der Kommunikation des Paares in Gang setzt oder aufrechterhält – vor allem dann, wenn beide Beteiligten derselben Erzählmatrix folgen.

Eine umgekehrte Situation ergibt sich im Rahmen der obigen Gleichsetzung aus einer Sprachspiel-Regel, die ausschließlich oder vorwiegend den inneren Erzählraum fokussiert. Sie geht mit internaler Verantwortungszuschreibung und der Attribuierung personaler Handlungskompetenz einher. Externale Determinanten, externale Verantwortung, außerhalb der eigenen Person liegende Problemauflösungskompetenz bleiben ausgelassen. Die Lösungssuche bezieht Beiträge sozialer anderer oder eine Veränderung externaler kontextueller Bedingungen nicht oder kaum mit ein.

Im Kontext der folgenden Sequenz aus einem familientherapeutischen Erstgespräch (anwesend waren die Mutter, der Vater sowie die älteste Tochter) verschiebt sich der Erzählraum von außen nach innen:

Mutter: Er hat überhaupt keine Geduld. Er nimmt sich keine Zeit. Er kommt nach Hause, isst, sagt ein paar Worte und verschwindet hinter seinem Computer. Das war es dann auch schon.
Vater: So stimmt das überhaupt nicht. Ich rede mit den Kindern, wenn ich nach Hause komme, und mit ihr rede ich auch. Aber wenn ich

merke, es gibt überhaupt kein Interesse, nur kurze Antworten und Vorwürfe, dann ist es klar, dass ich mir das nicht lange anhöre.

Therapeut: Für Sie beide ist es schwierig, miteinander nach einem langen und anstrengenden Tag wirklich ins Gespräch zu kommen ... Hat es früher einmal so eine Art Ritual des Heimkommens gegeben, das für Sie beide und die Kinder befriedigend war? Ein Ritual, das es ermöglichte, anzukommen und auch empfangen zu werden?

Mutter: Wie die Kinder klein waren, haben wir so eine Art Ritual gehabt. Mein Mann ist damals immer früher heimgekommen als heute, und dann hat er mit den Kindern gespielt, bis ich mit dem Kochen fertig war.

Therapeut: Wie lange ging das? Wie lange haben Sie das gemacht?

Vater: Na ja, bis sie größer waren. Bis zum Schuleintritt.

Therapeut: Du erinnerst dich noch daran?

Tochter: Ja. Aber das ist schon lang her.

Therapeut: Was hat Sie bewogen, damit aufzuhören? Wessen Idee war es, damit aufzuhören?

Vater: Das war eigentlich gar keine richtige Entscheidung. Das ist von selber so gegangen. Als ich angefangen habe, länger zu arbeiten, hat es einfach aufgehört.

Therapeut: Haben Sie als Eltern damals überlegt, welches neue Ritual an die Stelle des alten treten könnte? Das war ja eine wichtige Veränderung.

Vater: Eigentlich nicht. Du hast mir halt Vorwürfe deswegen gemacht.

Therapeut: Diese Entscheidung, sich nach dem Essen rasch zurückzuziehen und den Abend mit Ihrem Computer zu verbringen – wann haben Sie die getroffen? Schon zum damaligen Zeitpunkt?

Vater: So eine richtige Entscheidung war das eigentlich nicht. Das ist irgendwie im Lauf der Zeit so gekommen.

Therapeut: Mhm ... ich frage mich, wie diese Entscheidung, die eigentlich keine Entscheidung war, zustande kommen konnte. Gibt es da irgendeine Tradition, der Sie folgen? Wie hat Ihr Vater das gehandhabt? Hatte er eine ähnliche Gewohnheit, sich zurückzuziehen?

Vater: Mein Vater? Ich glaube, dass es bei ihm ähnlich war. Er war fast nie da, und wenn er da war, war er für meine Schwestern und mich nicht erreichbar.

Therapeut: Heißt das, dass Sie jetzt – im Gegensatz zu früher – seinen Fußspuren folgen?
Vater: Eigentlich irgendwie schon.
Therapeut: Eigentlich irgendwie schon. Aber Sie sind auch einige Jahre – als die Kinder klein waren – davon abgewichen. Angenommen, Sie würden sich dazu entscheiden, erneut von seinen Gewohnheiten abzuweichen und stattdessen Ihren eigenen Vorstellungen davon, welche Art von Vater Sie sein möchten, folgen – was vonseiten Ihrer Frau würde Sie dabei unterstützen?

In diesem Ausschnitt wird, ausgehend von äußerem Erzählraum – Mutter wie Vater bieten eine situative bzw. interaktionelle Beschreibung und Erklärung für den Rückzug des Vaters an –, nach und nach innerer Erzählraum betreten: Der Fokus verlagert sich auf internalisierte Gewohnheiten und die autonome Handlungssteuerung des Vaters.

Die Einführung von Noch-nicht-Erzähltem ermöglicht den Beginn alternativen Kommunizierens und Handelns.

ERZÄHLZEIT

Erzählen ist an die Handhabung von Zeit geknüpft. Erzählzeit lässt sich als Dichotomie von Vergangenem und Gegenwärtigem/Zukünftigem denken.

Im Kontext von Erklärungen korreliert die Wahl einer spezifischen Erzählzeit mit bestimmten logischen Mustern der Erklärungsmechanik. Vergangene Erzählzeit geht zumeist mit kausaler, zukünftige Erzählzeit mit finaler Verknüpfung einher; gegenwärtige Erzählzeit kann mit beidem – möglicherweise auch in einem Modus zirkulärer Kausalität – verknüpft sein.

Die Regel eines Sprachspiels definiert, von welchen Zeiten im Erzählen rund um ein „Problem-in-Sprache" die Rede ist und welche ausgelassen bleiben.

Erzählzeiten organisieren Prozesse des Erinnerns und Vergessens. Sie regen spezifische Fokusse der Lösungssuche an: „Jeder Klient ... erzählt seine konstruierte Lebenserzählung. Damit erzählt er auch ‚die Zeit' als Teil seiner Lebenserzählung, in der er sich heimisch gemacht hat, in der es sich aber nicht mehr gut leben läßt" (Retzer 1996, S. 147).

Erzählungen, die Vergangenes als determinierenden Faktor für gegenwärtige Probleme denken, induzieren Suchprozesse der Rekonstruktion vergangener Erfahrungs- und Erlebnisinhalte.[4]

Zukünftige Erzählzeit – die Erklärung von Problemen vermittels antizipierter Ereignisse oder noch zu realisierender Absichten – begründet gegenwärtige Problemphänomene aus ihrer finalen Funktion: Der zu erwartende Sinn, das utopisch Gehoffte oder Gefürchtete dient der Bedeutungsgebung eines Problems.

Ist ein Problem-in-Sprache deskriptiv und/oder explikativ mit vergangener Erzählzeit verknüpft, so öffnet ein Fragen nach bestehenden problemaufrechterhaltenden Faktoren, nach zeitlich aktuellen Kontexten oder nach einer möglichen ökologischen Funktion neue Suchprozesse.

Geht das Erzählen des Klienten ausschließlich oder vorwiegend mit gegenwärtiger und/oder zukünftiger Erzählzeit einher, so eröffnet die Suche nach Vergangenem, nach biographischen wie familiären Wurzeln neue Möglichkeiten des Erzählens und Handelns.

Der folgende Ausschnitt eines Erstgesprächs dokumentiert die Einführung von Gegenwärtigem und Zukünftigem in vergangenheitsbezogenes Erzählen. Dieser Transformationsprozess wird vermittels reflexiver Fragen angeregt. Thema der Therapie war die Isolation einer jungen Frau.

Klientin: So mit 14 oder 15 habe ich gemerkt, dass ich keine Freundinnen oder Freunde habe, dass die anderen immer miteinander weggehen und sich gegenseitig einladen und besuchen und dass mich niemand einlädt. Ich bin immer allein gewesen.
Therapeut: Das war eine sehr traurige Erfahrung.
Klientin: Es ist der rote Faden, der sich durch mein ganzes Leben zieht. Von Anfang an. Ich hab mir schon tausendmal überlegt, was da in meiner Kindheit schief gelaufen ist.
Therapeut: Sie sagen, es ist der rote Faden, der sich bis zur Gegenwart durch Ihr Leben zieht. „Rot" war so eine beherrschende Farbe, dass die anderen Farbtöne Ihres Lebens gar nicht zur Geltung ka-

---

4 Manche Matrizen therapeutischen Erzählens korrelieren den Schweregrad eines Problems bzw. seiner Veränderbarkeit oder Unveränderbarkeit mit spezifischen „Erzählzeiten" – je weiter zurückliegend eine Kausalität gedacht wird, desto schwieriger scheint die Auflösung des Problems in der Gegenwart.

men ... Ich frage mich, wie Ihr Leben ausschauen würde, wenn dieser rote Faden in Zukunft nur einer unter mehreren anderen sein würde; wenn es in Ihrem Leben noch andere Fäden gäbe, blaue, grüne, gelbe, wenn es ein bunter Strang wäre ... Ich weiß nicht, ob Sie stricken können?
Klientin: Ja, ganz gut.
Therapeut: Es ist so, als würden Sie einen Pullover stricken, ein Teil ist vorwiegend rot, und Sie halten inne und schauen den Pullover an und finden, er passt nicht wirklich zu Ihnen – für welche Farben würden Sie sich entscheiden? Was sind Ihre Lieblingsfarben?
Klientin: Braun mag ich gern und Dunkelgrün und Schwarz.
Therapeut: Angenommen, Sie gehen in ein Wollgeschäft, welche Farben würden Sie wählen?
Klientin: Es kommt darauf an, was die haben.
Therapeut: Es gibt alle Farben. Was würden Sie sich aussuchen? Womit würden Sie beginnen?
Klientin: Ich würde sie einfach mischen, querdurch. Kein bestimmtes Muster.
Therapeut: Es wäre ein Pullover, in dem sich alle Farben durchmischen. Es wäre nicht von vornherein festgelegt.
Klientin: Ja, ich würde selber vielleicht nicht so genau wissen, was dabei herauskommt.
Therapeut: Verträgt sich das mit dem Anfang? Sie können ja nicht auftrennen, was war. Passt das zusammen?
Klientin: Das käme darauf an. Wahrscheinlich wäre es besser, wenn man mit einer Farbe beginnt, die zu Rot passt.
Therapeut: Eine, die zu Rot passt. Welche wäre das?
Klientin: Am ehesten Violett, glaube ich.
Therapeut: Angenommen, Sie würden einen violetten Faden in Ihr Leben einweben – woran werden Sie merken, dass eine neue Farbe in Ihrem Leben ist?

ERZÄHLBEWEGUNG

Über Erzählen lässt sich ein Bogen der Bewegung spannen. Varianz als Erzählbewegung kommt darin zum Ausdruck, dass Erfahrungsinhalte – Probleme, Ziele, Kontexte, das Selbst oder anderes – als variabel markiert werden. Varianz zeigt sich in Beschreibungen der Zu- oder Abnahme von Phänomenen, in Beschreibungen der Erweiterung oder Einengung sowie in Schilderungen qualitativer Transformation.

Kontinuität als Erzählbewegung geht mit der Zuschreibung von Konstanz, berechenbarer Periodizität oder Wiederholung einher. So kann beispielsweise die oben angeführte Erzählung der Klientin vom „roten Faden, der sich durch das Leben zieht", zugleich als Erzählbewegung der Kontinuität gelesen werden.

Je kontinuierlicher ein Problem gedacht wird, desto mehr selbst organisiert erscheint es. Kontinuierlichem wird ein hoher Grad an Eigendynamik und zugleich geringe Beeinflussbarkeit zugeschrieben.

Erzählen kann einer Matrix folgen, die Gegenwart und Zukunft als Wiederkehr von Vergangenem denkt, die Identität an die Stelle von Ein- oder Erstmaligkeit setzt – ein Problem-in-Sprache wird als fortlaufende Reproduktion seiner selbst konstruiert, als sich gleich bleibender Fluss, der mehrmals an der gleichen Stelle betreten werden kann.

Diese Erzählmatrix kann mit einem therapeutischen Verstehensprozess korrespondieren, der ebenfalls über Wirklichkeit ein Netz der Kontinuität bzw. Wiederholung anstelle von Varianz breitet.[5]

Kontinuität bzw. Varianz kommt Erfahrungen nicht an sich zu. Sie sind Ergänzungen eines Beobachters im Kontext seines Verstehens.

Das therapeutische System transformiert eine Erzählbewegung der Kontinuität, wenn es Unterschiede von Problemen erkundet, unabhängig davon, ob es diese in der Gegenwart, in der Vergangenheit, in einer visionierten Zukunft oder der fiktiven Welt eines Als-ob ansiedelt.

Ein Fragen nach einmaligen Ereignissen, die sich nicht nahtlos in die Erfahrung des Erzählers einfügen, verdeutlicht nicht nur Wege

---

5 „Die Sätze des Netzes nehmen eine ... eigenartige Sonderstellung zwischen den logischen und den empirischen Sätzen ein; in ihnen konfudieren sich Logik und Empirie zu einem Konglomerat, das zum einen von der Logik abhängig ist ..., zum anderen aber einen Spielraum innerhalb der Logik hat, um Systeme der Beschreibung zu bilden. Innerhalb dieses Spielraums sind die verschiedenen Netze Anweisungen (Regeln) zur Bildung sinnvoller Sätze (Hypothesen)" (Fischer 1991, S. 72).

der Generierung von Problemen oder deren kontextuelle Einbettung. Es führt Varianz in das Erzählen ein.

Der folgende Gesprächsausschnitt gibt eine Sequenz aus einem Erstgespräch wieder. Die Klienten – ein Elternpaar – kamen aus Sorge um ihren 18-jährigen Sohn in Therapie. Dieser hatte vor einem Jahr die Schule abgebrochen und anschließend einen Suizidversuch unternommen. Nach einem kurzen Aufenthalt in der Psychiatrie befand er sich seitdem in ambulanter psychiatrischer Behandlung und verbrachte seine Tage zurückgezogen in seinem Zimmer.

Mutter: Ich habe das Gefühl, dass es nicht wirklich besser wird. Es ist noch genauso wie vor ein paar Monaten. Er tut gar nichts. Wenn man ihm aufträgt, dass er was im Haushalt erledigen soll, so Kleinigkeiten halt, ist es am Abend sicher nicht erledigt.
Vater: Ich glaube, der Schulabbruch hat ihn sehr aus der Bahn geworfen. Das hat ihn sehr geschwächt, da kommt er nicht darüber hinweg.
Therapeut: Was machen Sie, wenn Sie am Abend heimkommen und er hat irgendeinen Auftrag nicht erledigt? Sie haben ja beide den ganzen Tag hart gearbeitet, und er hat Zeit gehabt. Was tun Sie?
Mutter: Ich mache es dann halt selber.
Therapeut: Sprechen Sie ihn darauf an?
Mutter: Nein. Wir haben beide das Gefühl, dass er ohnehin schon so belastet ist.
Therapeut: Sie nehmen es hin?
Vater: Ja. Wir wollen ihn ja nicht unter Druck setzen.
Therapeut: Bewährt es sich in Ihren Augen, es hinzunehmen, ihn nicht zu konfrontieren?
Vater: Ich weiß nicht … Ein Jahr ist ja eine kurze Zeit nach so was. Aber es ist andererseits so, wie meine Frau sagt: Es ändert sich nicht wirklich was.
Therapeut: Ich würde Ihnen gerne eine kurze Geschichte erzählen, die ich vor kurzem gelesen habe.
Bei den Wikingern gab es den Brauch, dass die jungen Männer des Stammes, wenn sie noch nicht bereit waren, die Rolle von Erwachsenen einzunehmen, oder wenn es ein Lebensereignis gab, das sie aus der Bahn geworfen hat, sich in ihren Langhäusern zur Feuerstelle gesetzt haben, an den „Aschenplatz". Sie haben sich mit Asche bedeckt und dort ihre Tage und Nächte verbracht.

Wer am Aschenplatz gesessen hat, war von allen Pflichten losgesprochen. Er brauchte nichts für die Gemeinschaft zu tun, musste nicht an Kriegszügen, an der Jagd oder an Versammlungen teilnehmen. Er wurde von allen bedient. Er blieb an seinem Aschenplatz, während die anderen die Arbeit verrichteten.

Das ging so lange, bis er das, was ihn bewegte, bewältigt hatte. Wenn er es innerlich durchgearbeitet hatte, stand er auf – das war scheinbar ganz unspektakulär. Nach außen hin hatte man den Eindruck, es tut sich nichts, aber im Inneren leistete er gewaltige Arbeit.

Eine Möglichkeit war, dass er von selber aufstand, wenn er innerlich zu einem Schluss gekommen war. Die andere war, dass er gerufen wurde – wenn der Häuptling oder sein Vater den Eindruck hatte, er wäre bereit, dann konnte er zu dem Jungen am Aschenplatz gehen und ihn „rufen". Der junge Mann stand dann auf, wusch sich die Asche vom Körper und war wieder Mitglied der Gemeinschaft – mit all den Freiheiten, die damit verbunden waren, und mit allen Pflichten.

Wenn Sie die Wahl hätten, entweder darauf zu warten, dass M. innerlich zu einem Schluss kommt, seine schwierigen Erfahrungen verarbeitet und von selbst aufsteht – oder an ihn heranzutreten und ihn zu „rufen", weil Sie denken, er ist wieder bereit für das Leben, welchen Weg würden Sie wählen?

Mit der Geschichte vom Aschenplatz wird eine Erzählung der Varianz eingeführt. Sie beinhaltet Konstrukte wie Verarbeiten, Zu-einem-Schluss-Kommen, Bewältigen, die von der dominanten Erzählung der Kontinuität abweichen.

Zugleich eröffnet sie eine mögliche Handlungsalternative für die Eltern: jene des Rufens anstelle von Hinnahme. Das Gespräch mündete in mehrere Familiengespräche, zu denen der Vater den Sohn aufrief. Der Sohn ließ sich rufen.

Kontextualisierung

Ein Klient kann vorwiegend kontextualisierend oder dekontextualisierend erzählen.

Kontextualisierendes Erzählen zeigt sich darin, dass der Klient seine Erfahrungen in räumliche, situative, kommunikative, soziale, physiologische oder andere Kontexte einbettet.

Eine dekontextualisierende Matrix des Erzählens zeigt sich in einem Sprachgebrauch der Generalisierung.

Der folgende Gesprächsausschnitt dokumentiert die Transformation dekontextualisierenden Erzählens:

Klient: Es ist diese Erschöpfung. Dieses Gefühl der Erschöpfung ist immer da.
Therapeut: Mhm ... Sie haben den Eindruck, es zieht sich durch den ganzen Tag, es hört nie auf.
Klient: Ja, es ist immer da. Ich kann mich gar nicht mehr daran erinnern, wie es war, als es anders war.
Therapeut: Mhm ... helfen Sie mir, Ihre Erfahrung noch besser zu verstehen. Angenommen, Sie könnten das Ausmaß Ihrer Erschöpfung einschätzen ... auf einer Skala von 1 bis 10 ... 10 wäre eine tiefe Erfahrung von Erschöpfung ... 1 wäre das Gefühl, wach, aufmerksam und kraftvoll zu sein ... und Sie könnten diese Skala umlegen auf eine Linie hier im Raum ... wo wäre dann 1, und wo wäre 10?
Klient: 10 wäre da bei der Tür ... und das geht dann so quer durch bis zum Fenster ... da wäre 1.
Therapeut: 1 wäre beim Fenster ... wo würden Sie sich selbst im Augenblick auf dieser Linie zuordnen?
Klient: Ganz nah bei der Tür ... mit einem Fuß schon draußen.
Therapeut: Sie erleben die Situation jetzt im Augenblick als wirklich bedrohlich.
Klient: Ja ... es bedroht meinen Job, meine Ehe, es lähmt mich.
Therapeut: Ist dieses Gefühl den ganzen Tag gleich stark, oder gibt es Momente, wo es schwächer ist?
Klient: Am ehesten noch abends, wenn alles hinter mir liegt.
Therapeut: Am Abend ist es leichter?
Klient: Ja, ein bisschen.
Therapeut: Was tun Sie am Abend, dass es leichter wird?

ERZÄHLPERSPEKTIVEN

Erzählen geht mit der Wahl einer zwischen den Polen Assoziation und Dissoziation aufgespannten Erzählperspektive einher.

Assoziiertes Erzählen zeichnet sich durch die Nähe des Erzählers zum Erzählten aus. Er erzählt aus einer Ich-Perspektive; seine Beschreibungen, Erklärungen und Bewertungen sind von Unmittelbarkeit geprägt und geben sein emotionales Erleben wieder. Die Erzählweise ist konkret und detailliert. Häufig wird direkte Rede gebraucht.

Dissoziiertem Erzählen eignet Ferne zwischen Erzähler und Erzähltem – im Kontext einer „auktorialen Erzählperspektive" (Stanzel 1995, S. 177) wird Erlebtes inhaltlich verdichtet und zusammengefasst. Der Erzähler greift auf Substantivierungen anstelle von Verben zurück und stellt sachliche Aspekte in den Vordergrund.

Eine Ich-Erzählperspektive führt Erzähler wie Zuhörer nahe an die thematisierte Erfahrung heran; eine auktoriale Erzählperspektive erzeugt kognitive und emotionale Distanz.

Therapie kann vermittels Fragen und anderer Medien den Klienten dazu anregen, eine alternative Erzählperspektive einzunehmen.

Der Therapeut kann etwa eine außen stehende Beobachterperspektive nahe legen, indem er sie räumlich vermittels eines zusätzlichen Stuhles markiert, auf welchem der Klient Platz nimmt. Er ermöglicht ihm so, aus der Unmittelbarkeit seiner Erfahrung herauszutreten. Ebenso kann er Beschreibungen verwenden, die auf der Analogie von Film und Zuschauer, Theaterstück und Betrachter gründen.

Er kann umgekehrt assoziiertes Erzählen anregen, indem er emotionale Erlebensprozesse des Klienten fokussiert.

Vermittels der Einführung einer assoziierten Erzählperspektive tritt Fernes nahe heran.

Die Aufrechterhaltung von Gewalttätigkeit geht häufig mit dissoziiertem Erzählen seitens des Täters einher: Nicht er schlägt zu, sondern ein anonymisiertes „Man"; nicht er fügt Gewalt zu, es ist die Hand, die „ausrutscht" – der Handlungsträger selbst bleibt ausgelassen. Die Folgen von Gewalt, das damit einhergehende körperliche wie seelische Leid, bleiben in der Sprache unsichtbar. Die Gewalthandlung selbst wird verharmlost, als „Zufall" oder unbeabsichtigter „Unfall" relativiert (vgl. Grossmann et al. 1993).

Assoziiertes Erzählen konkretisiert und personifiziert Gewalt. Der Täter kann sich als Täter erfahren. Eine assoziierte Erzählperspektive ermöglicht ihm Gefühle von Scham und Schuld und damit neue Optionen von Verstehen und Handeln.

Gegenstand der Einzeltherapie, der die nachfolgende Sequenz entnommen ist, war die wiederholte körperliche Gewaltausübung einer Mutter ihrer jugendlichen Tochter gegenüber. Das Gespräch war durch Zuweisung seitens einer Sozialarbeiterin zustande gekommen. Der Ausschnitt entstammt dem dritten Gespräch. Der Dialog fokussiert die Transformation einer assoziierten in eine dissoziierte Erzählperspektive.

Klientin: Es ist schlimm. Ich will es nicht, auf keinen Fall; und gleichzeitig beginne ich schon loszubrüllen und schlage zu.
Therapeut: Es ist, als gäbe es da gleichzeitig zwei Stimmen – eine sagt: „Nimm dich zurück!", und die andere sagt: „Schlag zu!".
Klientin: Ja genau ... Es ist aussichtslos. Wenn ich so weitermache, verliere ich sie, das weiß ich genau. Vielleicht habe ich sie jetzt schon verloren.
Therapeut: Frau M., ich möchte Ihnen einen kleinen Versuch vorschlagen ... Wenn wir davon ausgehen würden, dass diese beiden Stimmen in Ihnen so etwas wie Ratgeberinnen sind, die Ihnen in einer Konfliktsituation mit Ihrer Tochter zur Seite stehen, und wir könnten beiden einen Stuhl zuweisen – rechts und links von Ihnen, – diese beiden Stühle da –, welche von den beiden würden Sie an Ihre rechte Seite setzen? Die Ratgeberin der Gewalt oder die Ratgeberin der Zurückhaltung?
Klientin: Rechts würde die Gewalt sitzen.
Therapeut: Rechts würde die Ratgeberin, die zum Zuschlagen rät, sitzen ... könnten Sie ihr mit dem Stuhl einen Platz zuweisen? *(Die Klientin positioniert in der Folge den Stuhl nahe bei ihrem eigenen Sessel und erläutert diese Entscheidung mit mehreren Beispielen.)* ... Sie sitzt sehr nahe bei Ihnen, fast wie eine Vertraute ... Wo wäre der Platz für die Ratgeberin der Zurückhaltung?
Klientin: Die sitzt links, aber weiter weg ... und weiter hinten *(Die Klientin arrangiert den Stuhl in etwa einem Meter Entfernung.)* ... so etwa, ich kann es nicht besser ausdrücken, aber so kommt es ungefähr hin.
Therapeut: Darf ich Sie bitten, sich neben mich zu setzen ... von außen sieht man es besser, man kann mehr überblicken ... wenn es in Ihrer Macht stünde, als Außenstehende, die das überblickt, sich selbst einen Rat zu geben, welchen Abstand Sie zu Ihren Ratgeberinnen wahren sollten, welchen Einfluss sie welcher der beiden

geben sollten ... und Sie könnten das in diesem Bild zum Ausdruck bringen ... was würden Sie sich raten?

Klientin: Ich würde mir sagen, mach es so. *(Die Klientin rearrangiert in mehreren Schritten die Stühle, bis sie die Position des linken Stuhls nur geringfügig ändert und den anderen Stuhl ihr gegenüber in etwa eineinhalb Meter Entfernung rückt.)*

Therapeut: Gibt es irgendeine Erfahrung in Ihrem Leben, die diese Veränderung unterstützt? Sie haben selbst erfahren, wie es ist, wenn man geschlagen wird. Was hat Ihnen als Kind geholfen, Abstand zu gewinnen?

Klientin: Das ist schwierig ... mit meiner Mutter habe ich nicht reden können, die hat meinen Stiefvater immer in Schutz genommen, bei allem ... da war niemand, auch keine Freundinnen oder Verwandte, denen ich es hätte erzählen können.

Therapeut: Damals hat es keinen anderen Menschen gegeben, dem Sie es hätten erzählen können ... hat es in Ihrer Phantasie jemand gegeben, dem Sie es erzählen konnten?

Klientin: Eine Zeit lang habe ich mir immer vorgestellt, meine Eltern wären gar nicht meine richtigen Eltern ... ich habe mir vorgestellt, meine wirklichen Eltern hätten mich irgendwie verloren und würden mich suchen und irgendwann finden und dann wäre alles gut. Und dann habe ich meiner „wirklichen" Mutter oft erzählt, vor allem abends vor dem Einschlafen, wie es mir geht, und mir vorgestellt, wie sie zuhört und mich tröstet. Dann ist es leichter geworden.

Therapeut: Sie haben einen Weg gefunden, sich selbst zu trösten. Sie haben durch Ihr Vorstellungsvermögen Abstand zwischen sich und der Erfahrung des Geschlagenwerdens hergestellt.

Klientin: Ich glaube nicht, dass ich eine andere Möglichkeit gehabt hätte.

Therapeut: Diese Fähigkeit, aus sich selbst herauszutreten, die eigene Erfahrung durch ihre Vorstellungskraft mit Abstand zu betrachten, ist damals geboren worden?

Klientin: Wahrscheinlich. Damals war es nur ein Ausweg.

Therapeut: Angenommen, Sie nutzen diese Fähigkeit, die früher nur ein Ausweg war ... Sie schaffen Abstand zwischen sich und der Erfahrung des Zorns und der Wut auf Ihre Tochter ... und der Abstand ist so groß wie der zur Ratgeberin der Gewalt ... woran merken Sie, dass Sie Ihre Fähigkeit nutzen?

Klientin: Ich glaube, ich wäre beherrschter ... ich hätte mich mehr unter Kontrolle.
Therapeut: Woran würde Ihre Tochter das bemerken? Was würde ihr als Erstes auffallen?

In dieser Sequenz wird dissoziiertes Erzählen über eine Vielzahl von Schritten eingeführt – vermittels der Redefinition von Gewalt als „Stimme, die zu Gewalt rät", durch die Redefinition der inneren Stimme als außen gesetzte Ratgeberin; durch die Einführung einer außen stehenden Beobachterperspektive, durch das Fragen nach Unterschieden aus der Perspektive der Tochter am Ende der Sequenz und anderes mehr.

Eine besondere Möglichkeit dissoziierten Erzählens ergibt sich aus der Utilisation von „externalisierenden" Beschreibungen (vgl. White 1993).

Vermittels Externalisierung wird die deskriptive Einheit Klient/Problem aufgesplittet.

Eine Externalisierung kann sich auf das Problem selbst, eine damit zusammenhängende Überzeugung, eine kommunikative Gewohnheit oder Handlungstradition beziehen. Diese wird als ichfremd konnotiert und zu einem Objekt der Umwelt materialisiert – sie absorbiert all jene negativen Zuschreibungen, die bislang der deskriptiven Einheit Klient/Problem zugeordnet waren. „Eine externalisierte Konstruktion des Problems verringert die Wahrscheinlichkeit, dass sich die Person eines ,Defekts' schuldig fühlt oder sich dessen schämt" (Epston a. White 1992, p. 46; Übers.: K. P. G.).

Durch diese Aufsplittung – Problem und Klient werden als zueinander in Opposition stehend konstruiert – und die damit einhergehende alternative Konnotierung wird der Klient entlastet. Die Zuschreibung von Problemhaftem bleibt der Entität „Problem" vorbehalten.

Der Klient wird zum positiven „Helden" seiner Erzählung, das Problem zum negativen „Antagonisten", welcher die Unterdrückung und Bemächtigung des Klienten anstrebt.

Im therapeutischen Dialog lässt sich diese Metaphorik in einem gemeinsamen Erkunden von Wegen des Widerstands gegen fremde Besatzung und von Möglichkeiten der Befreiung weiterführen.

Insbesondere im Kontext von Paartherapie kann eine Externalisierung problematischer kommunikativer Gewohnheiten zu einer deutlichen Entlastung und Veränderung beitragen. Das Paar löst eine gegenseitige Zuschreibung von Schuld und Täterschaft auf. Externalisierung ermöglicht eine Neubewertung der gemeinsamen Beziehungssituation bzw. eine spezifische Form „systemischer Einsicht"[6]. Auf dem Hintergrund der gemeinsamen Auseinandersetzung mit dem externalisierten Gegner „Problem" kann das Paar in einen Prozess der Kooperation eintreten.

Externalisierung transformiert die Erzählperspektive: Der Klient nimmt sich selbst gegenüber eine nahe Position ein, während er sich zugleich vom Problem entfernt.

Vermittels Externalisierung wird die Grenze zwischen Selbst und Umwelt grundlegend modifiziert – sie wird näher zum Selbst des Klienten hin verlegt. Was bislang dem Selbst zugerechnet wurde, wird nun der Umwelt zugeordnet, wodurch die bisherige Inklusion des Problems im Selbst des Erzählers aufgehoben wird.

Durch die Gegenbewegung der Internalisierung wird diese Grenze näher zur Umwelt hin verlegt – das Selbst des Klienten wird ausgeweitet.

Ein Problem als bislang nicht dem Selbst des Klienten zugerechneter Teil von Wirklichkeit wird schrittweise in seine „Selbst-Erzählung" inkludiert. Internalisierende Transformation kann sich in der Anregung aktualisieren, dem bislang als vom eigenen Selbst getrennt gedachten Problem die eigene Stimme zu verleihen und mit ihm in Dialog zu treten.[7]

---

6 „Systemische Einsicht findet statt, wenn wir in der Lage sind, eine Position zugleich innerhalb und außerhalb des Systems einzunehmen" (Rubinstein-Nabarro 1996, p. 4; Übers.: K. P. G.).
7 „Wenn die explizite und implizite Bedeutung (einer) Frage mit den Erfahrungen des Patienten zusammenpassen, wird sie ‚zu Herzen genommen' und als Teil der sich entwickelnden Identität des Patienten internalisiert ... die therapeutische Konversation wird ein Prozeß persönlicher Verstärkung" (Tomm 1989, S. 203).

4. Die Matrix des Erzählens

„Niemand von uns ist er selbst." (Rushdie 1989, S. 72)

Eine realistische Epistemologie kann Probleme-in-Sprache auf Probleme jenseits von Sprache zurückführen.

Diese epistemologische Tradition ist eine durchaus geläufige. Sie entspricht der dominanten Matrix unseres Erzählens über das Zustandekommen und die Bedeutung von Problemen. Sie denkt Probleme-in-Sprache als auf problematische Wirklichkeit zurückverweisend.

„Der metaphysische Realist sucht nach Wissen, das der Wirklichkeit entspricht ... nach einem ‚Homomorphismus', einer Äquivalenz von Relationen, einer Sequenz oder charakteristischen Struktur – nach etwas, das er als gleich betrachten kann" (von Glasersfeld 1984, S. 21; Übers.: K. P. G.).

Dieser Matrix kommt entgegen, dass sich unser Bewusstsein phänomenologisch als transparent beschreiben lässt.

„Daß die meisten phänomenalen Zustände durchsichtig sind, bedeutet demnach, daß wir sie nicht als phänomenale Zustände erleben, sondern daß wir durch diese Zustände hindurchschauen und ihren Gehalt im Modus der direkten Gegebenheit wahrnehmen" (Metzinger 1996, S. 25).

Will man demgegenüber daran festhalten, dass „Sprache" nur auf „Sprache" referiert, so verweist problemassoziiertes Erzählen auf eine spezifische Matrix des Erzählens.

Es ist nahe liegend, dass eine Matrix des Erzählens in ähnlicher Weise gelernt wird wie etwa Regeln der Semantik oder der Syntax.

Sprachspielregeln werden im Kontext familiärer und anderer sozialer Systeme erlernt. Sie werden erprobt, verallgemeinert und differenziert, eingeschränkt und transformiert und fügen sich nach und nach zu einer bevorzugten Matrix des Erzählens. Sie begründen ein vorherrschendes Sprachspiel.

SELBST-ERZÄHLUNGEN

Unsere Entwicklung und unser tägliches Leben sind in jene Geschichten eingebettet, die rund um uns zirkulieren. Diese Geschichten bilden die narrative Umwelt, aus welcher wir unser Erzählen schöpfen, und sind uns dadurch Flussbett eigenen Erzählens.

Unserer Geburt gehen Geschichten über uns bzw. unser Selbst voraus; sie existieren anonymisiert in Form statistischer Prognosen der Wirtschaftsplanung und der sozialen Verwaltung, als gesellschaftlicher Trend, als Bildungbedarfsplanung und anderes; sie existieren in personifizierter Weise als primär intrafamiliär tradiertes Erzählen, als Utopien, Hoffnungen, Erwartungen oder Befürchtungen, die unser Selbst zum Gegenstand haben.

Selbst-Erzählungen können als intergenerativ überliefertes Vermächtnis weitergereicht werden. Sie können in der Zeit des Sichkennenlernens eines Elternpaares, während der Schwangerschaft oder auch als individueller Entwurf, noch bevor es einen Partner gibt, entstehen. Sie können freudig antizipierte, aber auch drückende und auferlegte Vorwegnahme sein.

Je älter wir werden, desto mehr an Geschichten eröffnet uns die Welt, desto mehr Erzähler sind an unserem „Selbst-Erzählen" beteiligt.

Wir sind nicht nur mehr Zuhörer von Geschichten. Mehr und mehr beginnen wir mitzuerzählen, werden wir zu Koautoren und Mitverfassern selbstreferenzieller Geschichten.

Aus den Sprachspielen um uns werden Sprachspiele in uns – die um unser Selbst zirkulierenden Geschichten werden erprobt, umgeschneidert, ausgemustert, verworfen, vergessen, neu zusammengesetzt im Bemühen um eine zunehmend authentische und zugleich sozial passungsfähige Erzählung. Es ist ein langwieriger Suchprozess, der – so er glückt – in das Auffinden der eigenen Stimme, der eigenen Geschichte mündet.

Das Suchen, Finden, Verlieren und Wiederfinden dieser „eigenen Geschichte" (Parry 1991, p. 43) ist freilich nicht von unserer sozialen Lebenswelt ablösbar.

Unsere Selbst-Erzählungen müssen vielem gerecht werden. Wir müssen sie als wahr bzw. wahrer denn alternative Erzählungen erfahren können und sie zugleich mit den Erzählungen wichtiger sozialer anderer abstimmen. Sie sollten sich als passungsfähig bezüglich der Erzählungen anderer im Kontext der Systeme, in denen wir leben, erweisen.

Selbst-Erzählungen unterliegen einem ständigen Prozess personalen wie sozialen *reauthoring*.

Das Umschreiben unserer Selbst-Erzählung ist ein lebenslanges Projekt. Die Idee des mit Überwindung der Pubertät bzw. dem Eintreten in die Adoleszenz zu Ende gekommenen Menschens, das Konzept einer mit dem Erreichen des Erwachsenenalters komplettierten Selbst-Erzählung, die – verkörpert in einem „sicheren Gefühl der Identität" (Erikson 1977, S. 114) – nur mehr marginale Modifikationen erfährt, ist Teil möglicherweise wehmütig verklärter Vergangenheit.

Offene und geschlossene Selbst-Erzählungen

Um uns zirkulierende und uns vorausgehende Selbst-Erzählungen konstituieren unterschiedliche Erzählweisen. Sie können mehr geschlossene oder mehr offene Texte über unser Selbst nahe legen.

Geschlossene Texte engen unsere Selbst-Erzählung auf spezifische Aspekte und Qualitäten ein – wir können nur so, nicht aber anders sein. Unser Sosein oder Werden wird eindeutig bestimmt, unser Flussbett ist schmal und geradlinig gezogen.

Begleitende und vorausgehende Selbst-Erzählungen können inhaltlich positiv oder negativ bestimmt sein. „Positiv" markiert in diesem Zusammenhang die Anwesenheit spezifischer Merkmale eines So-und-nicht-anders.

„Negativ" bezeichnet ein Gerade-so-nicht. Beides schafft auf unterschiedliche Weise Begrenzungen möglichen Erzählens und Lebens.

Selbst-Erzählungen können aber auch offener und variabler sein – weniger Korsett, mehr warme Kleidung.

Offene Lebenserzählungen legen das Flussbett unbestimmter an, sie beinhalten Abzweigungen, Krümmungen, Einmündungen.

Die Offenheit oder Geschlossenheit vorausgehender wie begleitender Selbst-Erzählungen erweist sich in der Inklusion oder Exklusion von alternativen Texten, in der Möglichkeit von Mehrdeutigkeit und Ambivalenz.

Die Gerichtetheit von Selbst-Erzählungen

Selbst-Erzählungen variieren in ihrer inhaltlichen und zeitlichen Gerichtetheit. Vereinfachend lassen sich drei Arten von Texten (vgl. Gergen a. Gergen 1983, 1986; de Shazer 1992) unterscheiden, die eine Grundmatrix von Erzählen konstituieren. Die nachfolgende Unterscheidung ist besonders in Zusammenhang mit der Tatsache bedeutsam, dass Erzählen rund um ein Problem-in-Sprache häufig mit der spezifischen Matrix der Selbst-Erzählung eines Klienten korreliert.

Erzählungen der Progression

Erzählungen der Progression fokussieren Entwicklung, Vorwärtsschreiten, Gelingen – sie beschreiben Leben als sich verbesserndes, sich steigerndes, wobei dies auf unterschiedlichste Dimensionen bezogen sein kann. Diesem Erzähltypus entsprechen Erzählungen der Akkumulation von Wissen, Glück, Gesundheit, Reichtum und anderem.[1]

Erzählungen der Progression thematisieren Ressourcen, günstige Umstände, Ziele, Lösungen. Sofern sie von Hindernissen und Einschränkungen handeln, beschreiben sie zugleich deren Überwindung. Ein häufiges Leitthema ist das des Weges „vom Schatten zum Licht" – eine figurale Ereigniskette der Überwindung von Bösem, Triebhaftem, Natur usf. und deren Transformation in Gutes, Kontrolliertes, Zivilisiertes.

Erzählungen der Stabilität

Erzählungen der Stabilität fokussieren Bewahren. Sie sind Überlebenserzählungen – bescheidener, behutsamer in ihrem Entwurf; Ziele, so sie vorkommen, sind offener und kleinräumiger gesetzt.

Erzählungen der Stabilität thematisieren Barrieren und Widriges, handeln aber zugleich auch von Möglichkeiten des Arrangements und Standhaltens.

---

[1] Progressive Erzählungen können durchaus als Prototyp des Erzählens innerhalb der kapitalistischen Wert- und Wirtschaftsordnung angesehen werden.

Erzählungen der Degression

Erzählungen der Degression[2] thematisieren Verluste und Einschränkungen – sie fokussieren Lebensschwierigkeiten, widrige Umstände und Defizite. Sie werfen ein Bild des Unterliegens, Scheiterns voraus – zuweilen als blasses und diffuses Bild im Sinne pessimistischer Prophezeiung, zuweilen als scharf konturierter Bannspruch, der über der Zukunft liegt.

Erzählungen der Degression kreisen um das „negative Ende", den schlechten Ausgang. Es sind Erzählungen, „aus denen sich folgern läßt, daß sich das Leben von seinen Zielen entfernt" (de Shazer 1992, S. 110).

Erzählungen der Degression können eine schwere Lebenshypothek bilden – sie formen einen Fluss des Erzählens, dessen Einmündung in ein dunkles Meer unverrückbar festzustehen scheint.

Aber Erzählungen der Degression können Leben in schwierigen Zeiten und unter schwierigen Umständen auch leichter machen – sie können Solidarität, Anteilnahme und gegenseitige Hilfe generieren und die Bewältigung von Schicksalsschlägen ermöglichen (vgl. Walker 1994).

DIE ÖKOLOGIE VON ERZÄHLUNGEN

Wir werden in eine Welt hineingeboren, die voller Geschichten ist; wir lernen Welt unter anderem über Geschichten kennen und machen uns durch sie mit ihr vertraut. Wir entwickeln auf ihrer Grundlage unsere Konzepte über Selbst und andere, über innere und äußere Wirklichkeit. In diesem Vertrautwerden eignen wir uns eine grundlegende Matrix des Erzählens an, mit Hilfe deren wir unsere Erfahrungen ordnen und uns die Welt verstehbar machen.

Die uns umgebenden Geschichten sind in ihrer Wirkung mehrdeutig. Sie definieren zum einen den Fluss unseres Lebens, reduzieren Komplexität, verringern die Ungewissheit der Zukunft, schaffen Überschaubarkeit, schöpfen aus Unbekanntem Bekanntes und konstituieren so Identität.

---

2 Gergen a. Gergen (1983, 1986) verwenden hier die Bezeichnung „regressive Erzählungen", de Shazer (1992) gebraucht den Begriff der „abschweifenden Erzählung".

Zum anderen engen sie unsere Optionen von Leben und Erzählen in seiner Vielfältigkeit wesentlich ein. Sind die Geschichten, in deren Kontext wir aufwachsen und leben, durch eindeutige Schließung sowie durch eine Erzählmatrix der Stabilität oder Degression geprägt, erschwert dies Leben im Kontext einer Gesellschaft, die in ihrem Werthorizont, in ihren Beziehungsformen, aber auch in der Struktur ihrer Ökonomie Individualisierung, Flexibilität und Aufstieg favorisiert.

Die „Erzählungen der Gewinner" (Beck und Erdmann-Ziegler 1997, S. 44) sind progressionsorientiert, aufstiegsbezogen und flexibel: „Der Mensch im Zeitalter der Postmoderne vereinigt ... viele Meinungen, Standpunkte und Wertvorstellungen in sich" (Gergen 1990, S. 195).

„Eigenes Leben" hat im Zeitalter von Arbeitslosigkeit und Neoliberalismus mit der Folge des Zusammenbruchs tradierter Lebensentwürfe und Beziehungsformen seine Kehrseite. Es bedeutet Enttraditionalisierung, Freisetzung aus vorgegebenen Sicherheiten und Versorgungsbezügen, Armuts-Individualisierung, Labilisierung der Existenzbedingungen, Einsamkeit und Lebensbrüche. Die „Normalbiographie" – so es sie gibt – wird zur „Risikobiographie" (Beck und Erdmann-Ziegler 1997, S. 45).

Andererseits ermöglicht eine Matrix der Überlebenserzählung ein Leben mit schwierigen Einschränkungen oder Mangelsituationen, mit Trennung oder Arbeitslosigkeit. Eine degressive Matrix lässt uns Brüche unseres Lebens und Zusammenlebens vorwegnehmen und ermöglicht unter Umständen sogar Gelassenheit.

Die Geschichten, in die unser Leben eingebettet ist, sind so gesehen weder gut noch schlecht. Ihre jeweilige Auswirkung und Bedeutung ist mit dem Kontext unserer Lebenssituation verschränkt. Ob uns eine Erzählmatrix zum Guten oder zum Schlechten dient, erweist sich an den sich wandelnden Umständen unseres Lebens.

Moderne lässt sich, was Erzählungen betrifft, als zunehmender Übergang von geschlossenen zu offenen Erzählungen verstehen.

Die zunehmende Öffnung von Erzählungen ermöglicht nicht nur autonomere Lebensentwürfe, sie birgt zugleich die Gefahr der Beliebigkeit und der Auflösung kohärenten Erzählens: „... folglich ist auch der postmoderne Mensch keine faktische Entität mehr ... (er) ist vielmehr eine Art soziale Konstruktion: Er ist so, wie die anderen – und er selbst – ihn sich vorstellen" (Gergen 1990, S. 197).

Diese Auflösung trifft in besonderem Maße auf Selbst-Erzählungen zu. Zunehmend mehr Menschen sind auf die autonome Herstellung einer personalen „Bastelbiographie" verwiesen: „Die moderne Gesellschaft integriert die Menschen nicht als ganze Person in ihre Funktionssysteme, sie ist vielmehr im Gegenteil darauf angewiesen, daß Individuen gerade nicht integriert werden, sondern nur teil- und zeitweise als permanente Wanderer zwischen den Funktionswelten an diesen teilnehmen. Die Sozialform des eigenen Lebens ist die ... Leerstelle, welche die sich immer weiter ausdifferenzierende Gesellschaft öffnet. Sie wird angefüllt mit Unvereinbarkeiten, den Ruinen der Traditionen, dem Gerümpel der Nebenfolgen. In den Hohlräumen, welche die einmal regierenden Selbstverständlichkeiten mit ihrer Entzauberung hinterlassen, entstehen Trümmerspielplätze des eigenen Lebens" (Beck u. Erdmann-Ziegler 1997, S. 10).

Freilich ist diese Moderne, auf die hier Bezug genommen wird, nicht Moderne an sich. Sie ist nur eine der Möglichkeiten, wie über Moderne erzählt werden kann.

Begriffe wie „Bastelbiographie", „Leerstelle", „Unvereinbarkeit", „Ruinen", „Hohlräume", „Trümmerspielplätze" erzeugen vermittels ihrer Semantik eine degressive Erzählung über jene Gegenwart, die sie charakterisieren.

Konstituenten der Erzählmatrix

Eine Erzählmatrix definiert, von welchen Erzählinhalten vorzugsweise die Rede ist und in welcher Erzählzeit wir uns bewegen. Sie gibt vor, welche Erzählräume wir erschließen, wie wir Phänomene in der Zeit konstruieren, in welchem Maß wir Erzähltes kontextualisieren und worin unsere bevorzugte Perspektive des Erzählens besteht.

Welchen Spielregeln des Erzählens wir folgen, ist wesentlich durch dominante familiäre Diskurse geprägt: „Familien entwickeln gemeinsame Erklärungen für ein großes Spektrum von Ereignissen in der wahrgenommenen Welt" (Reiss 1981, p. 173).

Mittelschichtfamilien aktualisieren vorwiegend Erzählungen der Progression. Die Erzählungen von Unterschichtfamilien betonen stärker Fragen möglicher Lebensarrangements (vgl. Reiss 1986).

Die Nützlichkeit von Erzählungen der Stabilität zeigt sich im Besonderen im Kontext von chronischen Erkrankungen – Unterschichtfamilien zeigen sich in der Bewältigung chronischer Erkrankungen als anpassungsfähiger und kompetenter. Sie sind besser in der Lage, ihre Lebenssituation und familiäre Struktur den Bedürfnissen und Anforderungen von chronischen Beeinträchtigungen anzupassen und soziale Ressourcen zu nutzen. Für die Mittelschicht „paßt Krankheit nicht in die Schablone der Lebensprojektion der Familie" (Walker 1994, S. 11).

„Schon die Erinnerung der Armen wird weniger genährt als die der Reichen ... Gewiß, es gibt die Erinnerung des Herzens, von der es heißt, sie sei die sicherste, aber das Herz nutzt sich in Not und Arbeit ab, es vergißt unter der Last der Anstrengungen schneller ... Außerdem darf man sich, um es auszuhalten, nicht allzuviel erinnern, man muß sich ganz dicht an die Tage halten" (Camus 1995, S. 93).

Matrizen des Erzählens sind wesentlich von geschlechtsspezifischen Faktoren geprägt. Über lange Zeit hinweg waren Erzählungen der Progression ausschließlich Männern vorbehalten. Der Lebensentwurf von Frauen war primär durch Erzählungen der Stabilität oder Degression determiniert.

Weibliche Erzählungen der Progression, die über mütterliches Glück hinausgehen, sind überwiegend eine Erfindung der Moderne.

DIE TRANSFORMATION VON SELBST-ERZÄHLUNGEN

„Die Diagnose (der Moderne) lautet durchgängig, daß die Lebenslagen beweglicher, durchlässiger, freilich auch brüchiger werden. An die Stelle selbstverständlich vorgegebener, oft erzwungener Bindungen tritt ... eine Absage an lebenslange Entwürfe, ewige Bündnisse, unwandelbare Identitäten. Statt festgefügter Formen nur mehr Wahlmöglichkeiten und eigene Entscheidungen, mehr Anfänge und Abschiede. Mehr Höhenflüge und Abstürze, mehr Suchbewegungen vor allem" (Beck-Gernsheim 1996, S. 302).

Die Geschichten rund um uns sind brüchig geworden, und wir mit ihnen: „Das Individuum ist gerade nicht ... das Unteilbare, sondern das Teilbare, das Dividuum ... Erst wenn die Menschen ... erzählen, beginnt dieser seltsame Zwang, die Einheit einer Biografie in der Erzählung des eigenen Lebens herzustellen" (Beck 1997, S. 39). Das Erzählen über die Welt um uns wie auch in uns ist mehr denn je in Transformation begriffen.

Zumeist vollzieht sich diese Transformation allmählich, im Nebenbei, kleinräumig, mehr in summativer denn in einmaliger Art und Weise. Wir schreiben unsere Selbst-Erzählungen fortlaufend um, indem wir manche Teile erhärten und bestätigen, andere schrittweise modifizieren, wieder andere nach und nach beiseite lassen.

Zuweilen aber erzeugt Leben so massive Brüche, dass unser bisheriges Erzählen jäh infrage gestellt ist – Eltern erfahren von einer schweren Erkrankung oder Behinderung ihres Kindes, der sicher geglaubte Arbeitsplatz geht verloren, die als ewig gedachte Bindung ist erschüttert. Brüche implizieren einen oft schmerzhaften Prozess der Reorganisation. Sie erfordern Abschiednehmen von einer gewohnten Erzählversion – und das schrittweise Erfinden einer neuen, zum nun anderen Leben passenden Erzählung.

Der Begriff des Bruches gibt nur einen Teilaspekt von Übergängen wieder. Übergänge sind zu gleicher Zeit Nahtstellen unterschiedlicher Erzählungen.

ZWISCHEN DETERMINISMUS UND FREIHEIT

Jede Erzählmatrix rund um ein Problem-in-Sprache zeichnet sich durch die Konstruktion unterschiedlicher Freiheitsgrade menschlichen Handelns, Denkens und Erlebens aus.

Deterministisches Erzählen leitet Problemhaftes und Leidvolles aus vorgegebenen Sinn- und Kausalzusammenhängen ab.

Problemdeterminanten können intergenerative Vermächtnisse, biographische Prägungen, gesellschaftliche Konditionierungen oder anderes sein.

Sie alle fungieren als mögliches begründendes bzw. Sinn stiftendes Explanans von Leidvollem. In deterministischem Erzählen ist Not als Schicksalhaftes oder Zwingendes über Leben oder Lebensentwürfe gebreitet.

Befreiung – so sie möglich ist – muss durch mühsame Prozesse des Erkennens, Erinnerns, der Wiederholung, der Übertragung und der reflexiven Auflösung erarbeitet werden.

Anders verhält es sich mit Erzählen, das auf der Erfindung von menschlicher Freiheit gründet: Hier sind Gegenwart, Vergangenheit, Zukunft von Augenblick zu Augenblick neu wählbar, neu (selbst) bestimmbar.

Es postuliert, dass eigenes Leben vorwiegend oder ausschließlich unter eigener Kontrolle steht.

Jede Matrix der Ohnmacht bzw. Allmacht beruht auf dem Mythos der Kontrollierbarkeit von Leben – im einen Fall dem Mythos fremder Kontrolle vermittels der Umstände, Gegebenheiten, des Unbewussten oder Gesellschaftlichen, im anderen Fall dem Mythos eigener Bestimmbarkeit. Beide trivialisieren die Komplexität von Leben im Versuch, Überschaubarkeit und Vorhersagbarkeit zu erzeugen.

Jedwede therapeutische Erzählmatrix korrespondiert in unterschiedlichem Maß mit der Erzählmatrix des Klienten und generiert dadurch Bestätigung oder Verstörung.

5. Die Außenseite des Erzählens

„Was ist das Gegenteil von Glaube? Nicht Unglaube. Zu endgültig, gewiß, hermetisch. Selbst eine Art Glaube. Zweifel."
(Rushdie 1989, S. 98)

Was und wie wir erzählen, steht nicht für sich allein – Geschichtenströme sind immer eingebettet in Flusslandschaften, und Strom wie Flusslandschaft bestimmen einander in ihrer jeweiligen Ausfaltung. Als Flusslandschaft rund um Geschichten im Kontext eines Problems-in-Sprache lässt sich eine Außenseite von Erzählen denken.

Erzählen soll sich als sozial passungsfähig bzw. diskursfähig im Kontext bedeutsamer sozialer Lebenssysteme erweisen. Es soll von Wirklichkeit in seiner Gesamtheit möglichst widerspruchsfrei handeln.

Unterschiedliche Abstraktionsebenen und Repräsentationsweisen von Erzählen sollen aneinander anschließen, um gegenseitige Ableitbarkeit und Entsprechung zu gewährleisten.

Erzählen soll darüber hinaus – unter Rekurs auf eine „emotiv expressive Funktion von Sprache" (Pelz 1996, S. 29) – einem Kriterium personaler Authentizität bzw. Stimmigkeit genügen.

Die äußere Umrahmung von Erzählen zeigt die Abbildung auf der folgenden Seite. Die einzelnen Umrahmungen werden als Dichotomien gedacht. Ihre jeweils ausgelassene Seite zeigt sich als mangelnde soziale Passungsfähigkeit, als mangelnde Verstehbarkeit oder Nachvollziehbarkeit einer Erzählung; als Inkohärenz; als Inkongruenz bzw. Bruch zwischen Erzählung und Erzählweise; und schließlich als mangelnde personale Stimmigkeit, als fehlende Entsprechung zum Erleben des Erzählers.

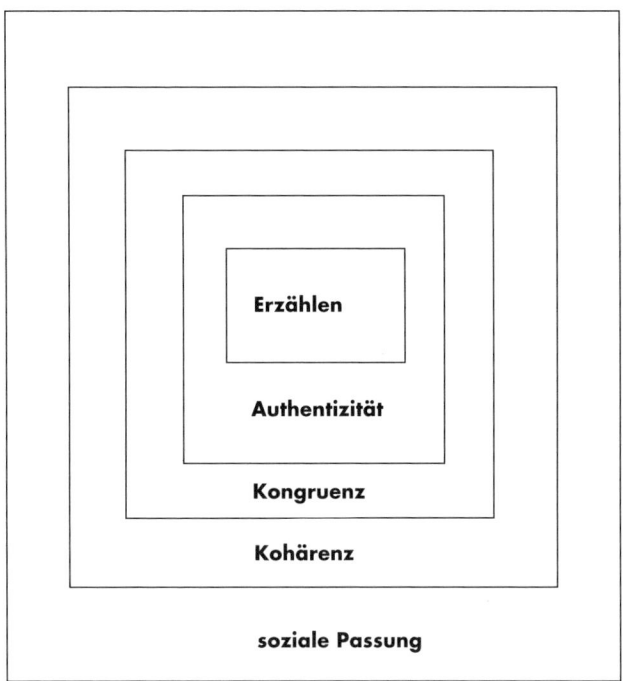

Schliessendes Erzählen

Einem Erzählen rund um ein Problem-in-Sprache, das frei von Widersprüchen oder Brüchen ist, kommt die Qualität der Schließung zu.

Ein Schließen von Erzählen erschwert oder verunmöglicht die Aktualisierung alternativer Erzählungen. Es kann ein Fragen nach Zielen (in ihrer Funktion als Erzählungen, die anderes als „Problem" zum Inhalt haben) ebenso behindern wie ein Fragen nach Ausnahmen.

Es verringert den Spielraum der Einführung alternativer Erzählzeiten, -räume oder -bewegungen. Es erschwert eine Kontextualisierung von Problemphänomenen oder einen Wechsel der Erzählperspektive. Schließendes Erzählen verschafft Problemen-in-Sprache festen und eindeutigen Halt. Es kreiert ein fest gefügtes System von Geglaubtem.

Einem Schließen von Erzählen rund um ein Problem-in-Sprache kommt unter Umständen eine hohe Lösungsfunktion in Bezug auf andere Problemphänomene zu, es gewährleistet häufig die soziale Eingebundenheit oder erfüllt andere spezifische Funktionen.

Schließendes Erzählen aktualisiert sich in einer Erzählweise des Indikativs, des „Es ist, wie es ist". Es manifestiert sich als Erzählen der Eindeutigkeit und Einstimmigkeit. Es gleicht dem oben erwähnten Mauergefüge (vgl. S. 32), dessen Steine sich nahtlos und friktionsfrei ineinander fügen. Es hält keinen oder nur geringen Raum für Unterschiede bereit.

Wer auf die Suche nach Unterschieden geht, muss zuerst das Gefüge der Steine lockern. Er muss Verhärtetes aufbrechen, um Raum für neues Erzählen zu schaffen.

Wäre unser Erzählen nur eines der Schließung, wäre jedweder Wandel damit ausgeschlossen – wir wären dazu verurteilt, für uns selbst und füreinander gleich zu bleiben.

Unter diesem Blickwinkel sind die genannten Rahmensetzungen als Anknüpfungspunkte der Infragestellung bzw. Dekonstruktion verstehbar – sie sind Zugänge zu ausgelassenen Dichotomien, deren (Wieder-)Einführung mit einem Öffnen des Erzählens einhergeht.

ÖFFNENDES ERZÄHLEN

Erzählen bricht sich immer wieder an neuem Erzählen, das durch die Vielfältigkeit und Komplexität von Erfahrung angeregt wird. Es erfährt seine Öffnung darin, dass Passungen scheitern – „In der Therapie entdeckt der Klient, dass die Landkarte nicht das Gebiet ist – dass das Erfahrungsgebiet ganz anders und viel komplexer ist" (Rogers 1972, S. 114).

Der Konstruktion alternativer Erzählungen muss häufig eine Dekonstruktion des bisherigen Sprachspiels vorangehen.[1] Dekonstruktion aktualisiert sich in der Regel als schrittweiser und behutsamer Prozess: Die Idee der Dekonstruktion mag beunruhigend für Klienten erscheinen, da es genau den Verlust bestehender Selbst-

---

1 „Mit ‚dekonstruieren' meine ich, daß wir ein Ereignis oder eine Vorstellung zerkleinern. Wir zerkleinern es in seine einzelnen Bestandteile" (Sheinberg 1993, S. 180).

texte bedrohlich ankündigt, die, obwohl begrenzend und ... lähmend, auch vertraut und vorhersagbar sind (Land 1992, S. 273).

Ein behutsames Dekonstruieren rechtfertigt sich jedoch nicht nur aus inhaltlichen Gründen. Es ist meist der Weg, welcher die therapeutische Kooperation nicht oder nur geringfügig einschränkt – „Friede entsteht dort, wo Menschen langsam aufeinander zugehen" (Nadolny 1987, S. 132).

Behutsame Dekonstruktion kann sich über sprachliche Mikrointerventionen (vgl. Sluzki 1992), über den Gebrauch des Konjunktivs, über die Utilisation verschiedenster Frageformen, in der expliziten Hervorhebung der subjektiven Perspektive des Erzählers[2] und anderem aktualisieren. Eine wichtige Möglichkeit der Dekonstruktion bietet der Gebrauch von Metaphern.

DEKONSTRUKTION ALS ERWEITERUNG

Der folgende Gesprächsausschnitt entstammt einer mehr als zweijährigen Einzeltherapie mit einem Klienten, der wegen starker Depressionen therapeutische Gespräche in Anspruch nahm. Diese bedingten mehrmals im Jahr stationäre Aufenthalte in einer psychiatrischen Klinik und eine anhaltende medikamentöse Behandlung.

---

2 Diese Intervention zeichnet insbesonders die Arbeit von Carl Rogers aus:
„*Klient:* Ich ... ich will einfach nicht mehr leben.
Therapeut: Im Augenblick sehen Sie alles so schwarz, daß das Leben in Ihren Augen keinen Sinn mehr hat" (Rogers 1972, S. 56).

Der Leser kann diese Sequenz (und viele, die ihr ähnlich sind) als Ausdruck der Aktualisierung von Empathie und Verstehen lesen. Er kann sie freilich auch als dekonstruierende Intervention betrachten, je nachdem, welche Betonung und Bedeutung er dem Sprachhandeln des Beraters zuordnet. In dieser zweiten Perspektive ist der Kommentar des Beraters eine behutsame Konfrontation der Klientin, ein Verweis darauf, dass ihre Wahrnehmung eine erstens momentane („im Augenblick"), zweitens subjektiv markierte („in Ihren Augen") und möglicherweise von ihm nicht geteilte darstellt.

Alles, was erzählt wird, wird zugleich durch den Kontext der Erzählsituation sowie durch nichtsprachliche Handlungen in seiner Semantik markiert. Einen möglichen Konzeptionalisierungsrahmen bietet in diesem Zusammenhang das Modell des „reflexiven Diskurses" (Pearce a. Cronen 1980; Scholze 1998), innerhalb dessen unterschiedliche Ebenen der Kontextualisierung miteinander verknüpft werden.

Lebensgeschichtlicher Kontext seiner Depressionen waren zum einen berufliche Probleme, zum anderen die Ablösung der Kinder sowie kommunikative und sexuelle Probleme in der Paarbeziehung. Der Klient hatte bereits zweimal Psychotherapie in Anspruch genommen – einmal allein, einmal gemeinsam mit seiner Frau, zum Teil unter Einbeziehung der Kinder.

Die Depressionen führten zu einer massiven Einschränkung seiner beruflichen, gesellschaftlichen, politischen und sportlichen Aktivitäten, deren Ausmaß ein jahrelanger heftiger Streitpunkt in der ehelichen Beziehung gewesen war. So gesehen, war er wegen der Problematik den Wünschen seiner Frau nachgekommen – freilich gegen seinen Willen und um den Preis mangelnder Lebensfreude, um den Preis sozialer Isolation und tiefer Selbstvorwürfe.

Fokus des therapeutischen Diskurses waren unter anderem Fragen guter Balance. Welches Maß an Leben und Lebendigkeit könnte dasjenige sein, das sich als verträglich mit den Ansprüchen seiner sehr häuslichen Ehefrau und als zugleich passungsfähig bezüglich seiner eigenen Bedürfnisse nach Aktivität, nach Ferne, nach gesellschaftlichem Leben und sozialer Anerkennung erweisen könnte? Welches Maß würde ihm erlauben, mit seiner Frau verbunden zu bleiben und zugleich seinen persönlichen Wünschen nachzugehen?

Die Therapie erwies sich als oft stagnierender Suchprozess, vergleichbar einer Bewegung des „einen Schritt vor, einen Schritt zurück" – Begonnenes wurde immer wieder rasch zurückgenommen.

Nach zwei Jahren wurden seine Schritte in Richtung des eigenen Lebens zunehmend sicherer. Es gelang ihm, innere Vorbehalte und vorauseilende Entwertungen so weit zu überwinden, dass er sein altes Rennrad instand setzte – ein Schritt, den er selbst als „Radfahrtherapie" konnotierte – und seine Fahrten allmählich immer weiter ausdehnte. Nach und nach gesellten sich dazu Schritte der Wiederbeteiligung an gesellschaftlichen Aktivitäten in seiner Gemeinde und in der politischen Partei, in der er „in den guten Jahren davor" eine wichtige Funktion ausgeübt hatte. Seine politische Tätigkeit war lange Jahre zentraler Teil seines Selbstverständnisses gewesen.

Ein zentraler Aspekt seines Erzählens war jener der „Gleich-Gültigkeit" – er beschrieb sich als sich selbst wie anderen gegenüber „fremd", glaubte, „für nichts und niemanden Tiefes empfinden zu können".

Gleich-Gültigkeit bezog sich aber auch auf ein tiefes Gefühl der Resignation – er ging davon aus, dass sein Handeln keinen wirklichen Unterschied machte und er keinen Einfluss auf sein eigenes Erleben hätte.

Eines unserer Gespräche förderte in diesem Zusammenhang einen kleinen Unterschied zutage: Von dieser Gleich-Gültigkeit waren seine politischen Überzeugungen ausgenommen, was sich im Besonderen im wiederholten Ärger über eine Oppositionspartei äußerte.

Das dem hier teilweise wiedergegebenen Gespräch vorausgegangene Gespräch war erneut um die Thematik der Gleich-Gültigkeit gekreist. Es schloss mit dem Vorschlag, der Klient möge den Verlauf seiner Tage am Abend kurz reflektieren und seine Bilanz in ein Tagebuch eintragen.

Die Aufgabe hatte den Zweck, mithilfe von unterschiedsorientierten Beobachtungen die Erzählung der Gleich-Gültigkeit zu dekonstruieren und Varianz in sein Erzählen einzuführen.

Zu Beginn des nachfolgenden Therapiegesprächs etwa sechs Wochen später las der Klient seine Tagebuchaufzeichnungen vor. Zunehmend war von „guten Tagen" die Rede – von Gelungenem in seiner Arbeit, von ausgedehnten Radtouren, vom Kartenspiel mit seiner Frau und ihren Verwandten, freilich auch von „schlechten Tagen", die mit einem Gefühl der Sinnlosigkeit und des Nichtvorankommens einhergingen.

Therapeut: Es ist beeindruckend, wie viel Ihnen gelungen ist.
Klient: Na ja, es war nicht ganz so schlecht.
Therapeut: Sie sind selber ein bisschen überrascht.
Klient: Ein bisschen schon. Was ich nicht verstehe, ist, dass es an einem Tag gut geht mit dem Radfahren und am nächsten Tag gar nicht.
Therapeut: Es ist wahrscheinlich so wie bei jeder anderen Therapie auch. Sie wirkt nie hundertprozentig.
Klient: Ja, aber ich denke mir, da bist du drei Tage hintereinander gefahren, hast dich aufgerafft, und es geht irgendwie ganz gut – also am Anfang nicht, da sind immer zuerst die negativen Gedanken da, aber dann fährst du halt doch, und es wird besser, mit jedem Kilometer – und am vierten Tag geht es überhaupt nicht.

Therapeut: Sie sind trotzdem gefahren, obwohl die Stimme der Sinnlosigkeit sich so stark eingemischt hat. Obwohl es am Anfang mühsam und anstrengend war.

Klient: Na ja, man muss halt durchhalten.

Therapeut: Es ist wie im Parlament. Es gibt die eine Oppositionspartei, die alles abwertet, die bei allem, was die Regierung sagt und entscheidet, sagt: Es ist sowieso sinnlos, die alles schlecht macht, die nur kritisiert und keine Alternativen anbietet – aber Sie sind derjenige, der an der Regierung ist. Sie lassen sich nicht rausbringen. Sie bleiben bei Ihrer Entscheidung, auch wenn es mühsam ist. Die Opposition meint, es sei sinnlos, ob Sie handeln und wie Sie handeln. Jetzt, wo sie es aufgeschrieben haben, was sagen Sie selbst? Was sagt Ihre Erfahrung?

Klient: Es ist ein bisschen besser.

Therapeut: Wären Sie bereit, dass wir das gemeinsam nachprüfen?

Klient: Das wäre interessant.

Therapeut: Mhm … zuerst bitte ich Sie, aus Ihrer Erfahrung heraus zu schätzen, wie viel gute, wie viel mittelgute, wie viel schlechte Tage es gegeben hat, als die Opposition noch das Sagen hatte. Wie war die Verteilung über 40 Tage, als die Opposition am Ruder war?

Klient: Ich glaub, so fünf gute Tage, fünf mittelgute, 30 schlechte.

Therapeut: Mhm … fünf gute, fünf mittelgute, 30 schlechte … jetzt bitte ich Sie, noch einmal Ihre Aufzeichnungen durchzugehen … und für jeden Tag einzuschätzen, ob es ein guter, ein mittelguter, ein schlechter Tag ist … und wenn es Ihnen recht ist, notiere ich das hier auf dem Plakat, damit es schwarz auf weiß zu sehen ist.

(In der folgenden Sequenz trifft der Klient die entsprechenden Zuordnungen: Er kommt auf zehn gute Tage, 19 mittelgute und elf schlechte Tage.)

Klient: Zehn zu 19 zu elf … na ja, nicht so schlecht … gar nicht so schlecht.

Therapeut: Zehn zu 19 zu elf, wenn Sie als Regierung das Sagen haben.

Klient: So deutlich hab ich mir das nicht vorgestellt … wenn man die mittelguten zu den guten rechnet, ist es fast drei zu eins.

Therapeut: 75 Prozent Wahrscheinlichkeit, dass es ein guter oder mittelguter Tag wird. Das ist viel.

Klient: 75 Prozent ist schon überraschend ... 100 Prozent wären mir lieber, aber wahrscheinlich gibt es die wirklich nicht.
Therapeut: 100 Prozent wären so etwas wie die Magie, gute Tage und Zufriedenheit direkt herstellen zu können. Möglicherweise kann man bestenfalls nur Bedingungen schaffen, die es wahrscheinlicher machen, dass man zufriedener ist. So wie Sie das jetzt tun.
Klient: Ich glaub, früher wollte ich alles auf einmal ... Und dann wollte ich gar nichts mehr. Vielleicht hab ich jetzt etwas gefunden, was dazwischen ist.

ÖFFNENDE METAPHERN

„Öffnende Metaphern" (vgl. Retzer 1993b) können zu einer Dekonstruktion dominanten Erzählens beitragen. Metaphern erweitern den „semantischen Hof" (de Shazer 1992) von Erzählungen: Sie fördern „Beschreibungen voller Affekt und Bildhaftigkeit" (Zimmerman a. Dickerson 1994, p. 244; Übers.: K. P. G.).

Metaphern bezeichnen Operationen der Substitution eines Wortes, einer Erzählung oder Geschichte durch Ähnliches. Sie verwirklichen sich in der „Übertragung eines fremden Nomens auf eine Gegebenheit" (Retzer 1995, S. 216).

Wo Sprache bildhaft ist, verfließt die Grenzlinie zwischen einzelnen Begriffen. Ihre Unterscheidbarkeit wird brüchig – „kein lückenloser Zeichenmantel" (Trier 1931, S. 2) trennt sie mehr. Metaphern kreieren ein Zwischenland, eine Zone, in der unterschiedlichste Semantiken ineinander übergehen. Sie gleichen jener imaginären fünften Provinz der irischen Mythologie, wo die „Dinge sich von jeglicher Partei- und Meinungszugehörigkeit befreien können" (Hederman a. Kearney 1982, p. 10; Übers.: K. P. G.).

Ein Zwischenland ist vieles zugleich – Weg der Rettung für jene, die der Diktatur, Bedrohung, Armut, Verfolgung entkommen wollen; Schmugglerpfad für verborgene Güter; Abenteuer der Grenzüberschreitung; Domäne der Menschenhändler und anderes mehr.

Eine Metapher verschleiert, was sie umfasst, sie schafft Andeutung und Geheimnis; sie löst Such- und Bedeutungsgebungsprozesse aus. „Die Kraft jeglicher Metapher liegt in ihrer Fähigkeit, ein Bild zu öffnen ..., dessen präzise Bestimmung uns darin behindern würde, in neuartiger Weise zu sehen" (MacCormack 1998, p.166; Übers.: K. P. G.).

Das Reich metaphorischen Erzählens ist grenzenlos – es kann sich aller Zeiten, aller denkbaren Welten und Orte, aller vorstellbaren Inhalte bedienen. Was sich womit in Beziehung setzen, gleichsetzen und vergleichen lässt, erfährt seine Begrenzung nur in den Passungen, die das therapeutische System vornimmt.

Im wiedergegebenen Gesprächsausschnitt schwingen in der Metaphorik von Regierung und Opposition Bedeutungen mit, die über die Begriffe, die sie substituieren – das Selbst des Klienten auf der einen, ein Gefühl der Sinnlosigkeit und Gleichgültigkeit auf der anderen Seite –, konnotativ wie affektiv hinausgehen. Die Metapher vertieft den Graben zwischen beiden, verschärft, polarisiert. Sie entfernt die Stimme der Gleichgültigkeit vom Selbst des Klienten. Sie dynamisiert eine externalisierende Bewegung.

Die metaphorische Gleichsetzung von Selbst und Regierung wertet das Selbst des Klienten auf – sie regt eine alternative Erzählung über Selbst an, markiert es als steuernd, lenkend, entscheidend.

Vor allem aber utilisiert die gewählte Metapher jene affektiven Qualitäten, die der Klient in Bezug auf seine Unterscheidung der politischen Landschaft getroffen hat – sie nutzt seine evaluative Erzählung von Gut und Böse und überträgt sie auf seinen persönlichen Kontext. Sie entstammt jenem Ausschnitt von „Wirklichkeit", der sich als nichtgleichgültig erwiesen hat.

Die grundsätzliche Offenheit von Sprache

Die Bausteine sprachlich orientierter Therapie sind Wörter und Sätze, die wir als „Zuhörer-die-auch-Erzähler-sind" den Wörtern und Sätzen von Klienten gegenüberstellen. Unsere Wörter und Sätze knüpfen an die ihren an oder gehen diesen voraus.

Die Verwirklichung eines therapeutischen Systems vollzieht sich vorwiegend in sprachlichen Operationen des Fragens und Antwortens, des Kommentierens und Anregens, in der Verhandlung von Bedeutung.

Die Möglichkeit dieser Verhandlung gründet in der Offenheit von Sprache – was Wörter, was Sätze, was Erzählungen bedeuten, welcher Sinn ihnen zukommt, steht nicht fest, sondern wandelt sich im Prozess des Konversierens mit anderen und mit uns selbst.

Was eine Erzählung inkludiert und exkludiert, von welchen „Assoziationsfeldern" (de Saussure 1969) sie umgeben ist, wie ihr Bedeutungshof strukturiert ist, unterliegt vielfältigen Driftungsprozessen. Wir sind nur partiell Erben von Sprache, wir sind vorrangig ihre Erfinder.

Wie wir Wirklichkeit konstruieren, welche Ausschnitte wir wählen und interpunktierend versprachlichen, welche Zusammenhänge wir knüpfen, wovon und wie wir erzählen, ist sowohl Funktion als auch erfinderische Operation von Bedeutungsgebung.

Ob wir über die Trennung von Partnern eine Erzählung des Verlustes und des Versagens oder der Befreiung und des Gelingens breiten, ist sowohl Aktualisierung als auch zugleich Erschaffung von Sinn. Es ist weder im sprachlichen Begriff „Trennung" noch in einem außersprachlichen Korrelat, auf welches wir uns damit beziehen, begründet oder festgelegt.

Therapeutische Konversation operiert mit der Offenheit von Bedeutung, ist Versuch, Bedeutungsgrenzen zu modifizieren.

Im Kontext von Trennung kann therapeutisches Fragen darauf abzielen, einen möglicherweise ausschließlich negativ konnotierten Bedeutungshof um positive Semantik zu erweitern.

Einer auf Kinder bezogenen Semantik von Trennung als elterlichem Scheitern, als Verlust, als Hypothek für die weitere kindliche Biographie lässt sich eine andere Semantik von Trennung gegenüberstellen – jene des Gewinns an Eindeutigkeit in der Erziehung, der Neustrukturierung der Beziehung zu beiden Elternteilen, der vermehrten Selbstständigkeit und Selbstorganisation im Hinblick auf die Zukunft, der Entlastung der Kinder von elterlichen Konflikten, der Ermöglichung zweier Welten (statt der einen) etc. Dass dies kein Spiel mit Sprache um der Sprache willen ist, zeigt sich, wenn wir einer Semantik von Trennung Ergebnisse kindbezogener Trennungsforschung zugrunde legen. Sie verweisen darauf, dass die Auswirkungen von Trennung ebenso wie die Auswirkungen eines Zusammenbleibens von Eltern im Fall hoher Konflikte mehrdeutig sind. Eindeutige Geschichten können der Trennung nicht gerecht werden (vgl. Fthenakis 1995, Fthenakis et al. 1982).

Wenn über Wirklichkeit aber in unterschiedlichster Weise erzählt werden kann, ist es sinnvoll, die Geschichte zu wählen, mithilfe welcher alle Betroffenen leichter oder besser leben können.

Die Dekonstruktion einer dominanten Erzählung ist ein Prozess der Erweiterung; die bestehende Erzählung wird nicht aufgehoben, sondern vielmehr um Noch-nicht-Erzähltes ergänzt – die Depression kann nicht nur Feind, sondern auch Freund sein; die Angst nicht nur bedrohen, sondern auch schützen; der Streit nicht nur trennen, sondern auch verbinden.

Authentizität

Was unserem Erzählen unter anderem Festigkeit verleiht, ist der Glaube, dass es unserer Erfahrung in einem eigentlichen und wahrhaften Sinn entspricht. Die Zuschreibung von „Authentizität", von Echtheit oder persönlicher Stimmigkeit geht mit einer tiefen emotionalen Überzeugung oder Berührtheit einher.

Authentizität des Erzählens muss zuweilen mühsam errungen werden, insbesondere dort, wo persönlich als wahr und stimmig Erlebtes häufig infrage oder in Abrede gestellt wird, etwa durch ein Kommentieren oder Unterstellen eigentlicher Wünsche, Bedürfnisse und Absichten seitens wichtiger sozialer anderer, durch ein fortwährendes Überschreiten personaler Grenzen.

Ein anhaltendes Infragestellen personaler Authentizität des Erzählens kann in eine Verunsicherung des Erzählers, aber auch in eine Verhärtung von Erzählen – in der Absicht, die eigene Erzählweise abzugrenzen und zu schützen – münden. Die Dekonstruktion von Authentizität bedarf daher vielfacher Passungsprozesse.

Im folgenden Gesprächsausschnitt wird die Authentizität der Erzählung einer Klientin infrage gestellt. Das Gespräch kam auf Vermittlung einer Sozialarbeiterin zustande; zwischen der Klientin und ihrem (in der Therapie nicht anwesenden) Sohn war es zu wiederholten gewalttätigen Auseinandersetzungen gekommen. Die Klientin sah in einer Heimeinweisung die beste Lösung. Auf Wunsch der Sozialarbeiterin erklärte sie sich jedoch mit einem vermittelnden Gespräch und mit einer Prüfung alternativer Möglichkeiten einverstanden. Der Sohn hatte kurz vor dem Gespräch entschieden, nicht teilzunehmen, weil er eine Vermittlung als aussichtslos einstufte.

Therapeut: Ich merke, wie schwierig es für Sie ist, über die Situation zu reden. Sie wirken sehr verletzt und verbittert.

Klientin: Wie soll man anders über ihn reden können ... Sie müssten ihn einmal erleben ... So war er immer schon; schon von klein an. Er war nur widerborstig, was immer man auch gesagt hat.
Therapeut: Immer schon?
Klientin: Na ja, fast immer.
Therapeut: Ich höre Ihren Ärger und Ihren Zorn, wenn sie über Ihn reden ... und zugleich habe ich auch noch den Eindruck von etwas anderem.
Klientin: Was meinen Sie?
Therapeut: Ich frage mich, ob die Stimme des Zorns, des Ärgers, der Wut auf ihn Ihre ganz eigene Stimme ist ... Wenn man alles das erlebt hat, was Sie erlebt haben, wenn man alles das durchgemacht hat, was Sie durchgemacht haben, dann liegt es nahe, dass die Stimme des Zorns lauter wird als alles andere ... aber vorhin war ein Zögern in Ihrer Stimme ... und zugleich gibt es Ihre Bereitschaft, zu diesem Gespräch zu kommen, noch dazu, wo er im letzten Moment nicht mitkommt. Es ist fast so, als gäbe es noch eine andere Stimme in Ihnen, eine, die noch anderes an ihm wahrnimmt, vielleicht eine sehr leise Stimme.
Klientin: Eine leise Stimme?
Therapeut: Ja, eine leise Stimme hinter dem Zorn, hinter der Verletzung, hinter der Enttäuschung.
Klientin: Mhm.
Therapeut: Ich frage mich, ob diese Stimme des Zorns, des Ärgers, der Wut und des Vorwurfs Ihre ganz persönliche Stimme ist ... Gibt es jemanden in Ihrer Familie, an den Sie diese Stimme erinnert?
Klientin: Das ist schwer ... vielleicht ein bisschen an meinen Exmann, J.s Vater. Er hat nur so mit uns geredet ... er hat nur Vorwürfe gemacht und nie ein gutes Wort gesagt.
Therapeut: Die Stimme gleicht der Stimme Ihres ehemaligen Mannes?
Klientin: Ich war so froh, wie ich ihn endlich los war ... und J. auch ... es war endlich ein bisschen Frieden zu Hause.
Therapeut: Die Stimme des Zorns und des Vorwurfs erinnert Sie an seine Stimme ... Wenn Ihre Stimme nicht seiner gleichen würde, was würden Sie über J. erzählen?
Klientin: Dass er es sehr schwer gehabt hat ... dass er viel Geduld braucht ... ich weiß nicht, ob ich die noch habe.

Die Infragestellung der Authentizität des Erzählens der Klientin ist von vielen Zwischenschritten therapeutischer Bestätigung begleitet. Erst auf diesem Hintergrund gibt die Klientin dem Therapeuten die Möglichkeit, die personale Stimmigkeit ihres Erzählens infrage zu stellen.

In dem Maße, in dem die Klientin bereit ist, ihre Erzählung zu relativieren, entsteht Raum für anderes Erzählen.

Kongruenz

Erzählen aktualisiert sich auf unterschiedlichen Ebenen, nämlich der sprachlichen und der nichtsprachlichen. Die Übereinstimmung von sprachlichem und nichtsprachlichem Erzählen nennen wir im Kontext von Therapie „Kongruenz", das heißt gegenseitiges Passen von Erzähltem und Erzählweise.

Nichtsprachliches umfasst die gestischen, motorischen und mimischen Bewegungen, die Sprech- und Ausdrucksweise eines Erzählers, seine Betonungen, Pausen und anderes.

Nichtsprachliches verweist auf eine Wirklichkeit jenseits von Sprache, zu der wir keinen direkten Zugang haben und die so wiederum der (sprachlich formulierten) Bedeutungsgebung eines Beobachters bedarf.

Von „Inkongruenz" sprechen wir bei Brüchen zwischen verschiedenen Texten.

Die Infragestellung einer Schließung der Erzählung zeigt sich im folgenden Ausschnitt eines Erstgesprächs mit einem Klienten; er dokumentiert die Einführung von Inkongruenz in Bezug auf das Erzählthema „Depression".

Klient: Die Krankheit wird immer schlimmer ... die Abstände zwischen den Schüben sind immer kürzer, und die Erholungsphasen dazwischen sind eigentlich nicht wirklich anders ... ich habe das Gefühl, dass mein Denken immer langsamer wird, dass es mir immer schwerer fällt. Es ist wie ein tiefer Brunnen, in den man fällt.
Therapeut: Sie haben das Gefühl, es geht immer tiefer nach unten – und trotzdem fallen Ihnen viele Möglichkeiten ein, wie Sie diese Erfahrung beschreiben können. Es fällt Ihnen schwerer, zu den-

ken, und dennoch können Sie Ihre Erfahrung in dem sehr plastischen Bild des „Brunnens" ausdrücken. Wie ist das möglich?
Klient: Das geht irgendwie von selbst.
Therapeut: Ich bin mir nicht sicher ... Es ist möglich, dass Sie eine besondere Begabung dafür haben ... glauben Sie, dass diese Fähigkeit, sowohl konkret als auch in plastischen Bildern zu denken, eher Ausdruck Ihrer Gesundheit oder eher Ausdruck Ihrer Krankheit ist?

Kongruenz und Inkongruenz kommen Erzählen nicht „an sich" zu – sie sind keine Qualitäten, keine strukturellen Merkmale eines Klientensystems, sondern Akte der Unterscheidung seitens eines Beobachters.

Die Erfindung der Inkongruenz zählt zu den interessantesten Erfindungen der Psychotherapiegeschichte. Wie jede andere Erfindung auch, birgt sie nicht nur Licht-, sondern auch Schattenseiten. Sie ermöglicht zum einen die Konstruktion einer personal stimmigen Erzählweise – die Zuschreibung von Inkongruenz kann Anlass dafür sein, die eigene Erzählweise zu reflektieren und der eigenen Stimme Raum zu geben. Die Zuschreibung von Inkongruenz kann andererseits auch Ausdruck therapeutischer Entwertung sein und dadurch Machtunterschiede zwischen Klient und Therapeut fördern.

Die Erfindung von Inkongruenz kann als Zugang zu einer alternativen, von der Problemerzählung abweichenden Erzählung dienen. Sie ist ein mögliches Tor zu Noch-nicht-Erzähltem: Wie kommt es, dass ein Klient von Angst erzählt und sich zugleich in der therapeutischen Situation – zumindest in den Augen des Therapeuten – angstfrei verhält? Wie lässt sich die erzählte Konfliktdynamik eines Paares mit ihrer Bereitschaft, einander innerhalb des therapeutischen Settings zuzuhören, in Einklang bringen? Wie lässt sich der „Widerspruch" zwischen der erzählten Entfremdung eines Paares und ihrem Bemühen, einander im Kontext von Therapie Persönliches mitzuteilen, erklären?

Die Erfindung von Inkongruenz zielt in einem narrativen Zusammenhang nicht auf eine Offenlegung verborgener oder eigentlicher Motive, Intentionen oder Strukturen. Der vermittels Rekurs auf die Sprechweise gelesene Text ist nicht wahrer als der vermittels Rekurs auf Inhalt gelesene.

Die folgende Gesprächssequenz entstammt einem Gespräch mit einer jungen Frau. Die Klientin überlegte, trotz wiederholter schwerer Misshandlungen durch Ihren Lebensgefährten nach einem kurzfristigen Aufenthalt im Frauenhaus zu ihm zurückzukehren. Sie suchte Therapie aufgrund der Empfehlung ihrer Betreuerin auf.

Therapeut: Weiß Ihr Lebensgefährte, dass Sie heute hierher gekommen sind?
Klientin: Ich habe es ihm gesagt.
Therapeut: Wie bewertet er Ihren Schritt?
Klientin: Er hat nur gelacht. „Wenn du meinst, dass du dahin gehen musst, dann gehst du halt." Er nimmt es nicht ernst.
Therapeut: Er weiß, dass Sie erzählen, dass er sie schlägt?
Klientin: Das weiß er sicher. Das habe ich ihm auch gesagt.
Therapeut: Es scheint ihn nicht sehr zu beeindrucken. Er geht davon aus, dass Sie bei ihm bleiben, was auch immer er tut.
Klientin: Ja, sieht ganz so aus.
Therapeut: Was Sie sagen, klingt, als ob er sich Ihrer zu hundert Prozent sicher wäre ...
Klientin: Ich glaub, das klingt jetzt verrückt, aber es ist so. Hundert Prozent sind fast noch zu wenig.
Therapeut: Wie viel Prozent wären es?
Klientin: Hundertzwanzig oder mehr.
Therapeut: Mhm ... angenommen, Sie würden sich wünschen, dass er sich Ihrer nicht ganz so sicher ist, nicht zu hundertzwanzig Prozent oder mehr, sondern nur zu neunundneunzig ... und angenommen, er könnte uns jetzt zuhören bei diesem Gespräch ... was würde seine Sicherheit, seine hundertzwanzig Prozent erschüttern?
Klientin: Das ist schwer ... da fällt mir eigentlich gar nichts ein ...
Therapeut: Wenn ich Sie recht verstehe, würde er sagen: Ganz gleich, was sie redet, sie kommt immer wieder zurück ... Was Sie sagen oder nicht sagen, macht da keinen Unterschied ... gäbe es andere Zeichen? Würde etwas an der Art und Weise, wie Sie über ihn oder sich und Ihre Situation reden, einen Unterschied für ihn machen? Würde es ihn aufmerken lassen?
Klientin: Die Art, wie ich rede?
Therapeut: Mhm ... wenn ich Ihnen zuhöre, habe ich den Eindruck, Sie reden über sich fast so, als ob Sie neben sich stünden ... Sie

beschreiben eine schwierige Situation, Sie haben von den Schlägen erzählt ... aber es klingt so, als würden Sie nicht Ihre eigene Erfahrung beschreiben, sondern die einer anderen. Gäbe es irgendetwas an der Art und Weise, wie Sie darüber erzählen würden, was seine Sicherheit erschüttern würde?

Klientin: Na ja, ganz am Anfang habe ich geweint, wenn ich es meiner Mutter oder meiner Freundin erzählt habe, wie er ist ... aber er hat das nie ernst genommen. Er hat bloß gesagt: „Sei nicht so hysterisch!"

Therapeut: Wenn Sie geweint haben, hat das seine Sicherheit nicht erschüttert?

Klientin: Nein. Mittlerweile weine ich auch nicht mehr ... aber vielleicht, wenn ich ruhiger darüber reden würde, irgendwie ernster ...

Therapeut: Wenn Sie ernster darüber reden würden?

Klientin: Ja, wenn ich das irgendwie ernster erzählen würde oder bestimmter oder so, es könnte schon sein, dass er das merkt.

Therapeut: Es könnte sein, dass er merkt, dass es kein Spiel ist, sondern Ernst ... woran genau würde er das merken ... jetzt im Augenblick, wenn er uns zuhören würde?

Kohärenz

Wir versuchen, über einzelne Wirklichkeitsausschnitte so zu erzählen, dass sie in ihrem Zusammenhang einen kohärenten Gesamttext über „Wirklichkeit" ergeben. Wir bemühen uns um ein Zueinanderpassen von Texten.

Die Erfindung von Inkohärenz bezeichnet die Konstruktion von Widersprüchen zwischen Geschichten über unterschiedliche Wirklichkeitsausschnitte: Wie ist es möglich, dass sich eine Klientin als Mutter abwertet und in ihrer beruflichen Kompetenz anerkennt? Wie kann sich ein Paar zugleich unkooperativ im Kontext der Erziehung seiner Kinder und kooperativ im Kontext finanzieller Entscheidungen verhalten? Wie kann ein Partner zugleich verständnisloser Ehemann und einfühlsamer Kollege sein?

Ob wir Texte über verschiedene Wirklichkeitsausschnitte als zueinander passend oder als einander widersprechend betrachten, ist eine Entscheidung, die wir als Beobachter treffen. Sie wird nicht durch Wirklichkeit nahe gelegt, sondern ist Merkmal jenes Netzes, das wir über Wirklichkeit breiten.

Der folgende Gesprächsausschnitt entstammt einer familientherapeutischen Sitzung mit Vater, Mutter und Sohn, dessen zentrales Thema die Wutanfälle des zehnjährigen Buben waren. Der Dialog fokussiert die Einführung von Inkohärenz in Bezug auf die Erzählung über die Fähigkeit der Selbstkontrolle.

Vater: Er kann es einfach nicht kontrollieren. Wenn er etwas nicht gleich bekommt, wenn etwas nicht gleich so ist, wie er es will, bricht die Aggression einfach durch.
Therapeut: Merkst du es selber, wenn du wütend wirst?
Sohn: Nein, das kommt einfach von selber. Das ist auf einmal da.
Therapeut: Du siehst es ähnlich wie dein Vater: Die Wut kommt, und du bist chancenlos dagegen ... sie kommt so schnell, dass du es erst merkst, wenn du zuschlägst?
Sohn: Ja, so schnell kann ich selber gar nicht sein.
Therapeut: Bist du ein guter Turner in der Schule?
Mutter: Turnen ist fast das Einzige, wo er in der Schule gut ist. Turnen und Zeichnen.
Therapeut: In Turnen und Zeichnen bist du gut?
Sohn: Da bin ich am besten.
Therapeut: Was macht ihr in Turnen?
Sohn: Völkerball spielen, Fußball spielen und manchmal nur so Übungen.
Therapeut: Bist du schnell beim Fußball? Bist du ein Stürmer, ein Verteidiger oder der Tormann?
Sohn: Meistens Verteidiger.
Therapeut: Ein schneller Verteidiger? Ein guter Verteidiger merkt, wenn der Gegner mit dem Ball kommt, und schneidet ihm den Weg ab. Er reagiert blitzschnell. Er ist sehr aufmerksam. Kannst du das?
Sohn: Eigentlich schon.
Therapeut: Wie machst du das, so aufmerksam zu sein?
Sohn: Man muss immer so herumschauen.
Therapeut: Man muss immer herumschauen und merken, wo der Ball gerade ist. Und du musst blitzschnell reagieren können. Nimm einmal an, die Wut ist so etwas wie ein Ball in einem Fußballspiel ... und du bist ein Verteidiger, der sehr, sehr aufmerksam ist ...

der immer merkt, wo der Ball gerade ist ... wie würdest du merken, dass er auf dein Tor zukommt ... wie merkst du, dass der Wutball kommt?
Sohn: Dass mir so heiß wird. Wenn ich mich ärgere, wird mir immer heiß.
Therapeut: Herr K., haben Sie T. Fußball spielen beigebracht? Spielen Sie öfter mit ihm?
Vater: Früher schon. Ich habe ihm ein paar Tricks gezeigt, weil ich früher selber gespielt habe.
Therapeut: Haben Sie gemerkt, dass aus ihm einmal ein guter Verteidiger wird? Ein Verteidiger, der den Ball gut kontrollieren kann?
Vater: Er hat schon eine Begabung dafür. Wenn er will, kann er unheimlich schnell sein.
Therapeut: Es ist schwer, sich vorzustellen, dass jemand mit einer so guten Ballkontrolle sich einfach überspielen lässt.

Das weitere Gespräch kreiste um die Metapher der Ballkontrolle. Es mündete unter anderem in die Hausaufgabe, der Sohn werde während einer täglichen Übungsstunde gemeinsam mit dem Vater weitere Tricks der Ballkontrolle erlernen und perfektionieren.

Die Analogie von „Wutkontrolle" und „Ballkontrolle" ermöglicht die Konstruktion von Inkohärenz: Die beiden Texte – der über spontane Wut und der über die Fähigkeit zu achtsamem, kontrolliertem und koordiniertem Spiel – werden als zueinander nicht passungsfähig gesetzt. Der auf das reale Fußballspielen bezogene Text falsifiziert die Erzählung des Kontrollverlustes. Auf der Basis einer Logik der Exklusion können nicht beide Erzählungen zugleich wahr sein.

SOZIALE PASSUNG

Was wir erzählen, ist für andere unterschiedlich verstehbar.

Die soziale Passung unseres Erzählens hängt davon ab, zu welchen Diskursen, zu welchem Erzählen sozialer Anderer wir unser Erzählen in Beziehung setzen und anhand welcher inhaltlichen Kriterien wir Unterschiede oder Analogien bestimmen.

Erzählen rund um ein Problem-in-Sprache erfährt Schließung unter anderem dadurch, dass es als mit dem Erzählen wichtiger sozialer Anderer übereinstimmend oder diesem nahe kommend gedacht wird.

Der Therapeut kann die soziale Passung des Erzählens des Klienten rund um ein Problem-in-Sprache in der Absicht erzählender Unterschiedsproduktion infrage stellen. Er kann Referenzquellen des Erzählens hinsichtlich ihrer Bedeutung oder Gültigkeit relativieren, sie neu gewichten oder ihnen alternative Referenzerzählungen gegenüberstellen.[3]

Der Therapeut kann nach Bruchstellen innerhalb eines sozialen Systems suchen, an welchen sich Erzählen nicht nahtlos aneinander fügt.

Der folgende Gesprächsausschnitt dokumentiert die Infragestellung der sozialen Passung einer dominanten Erzählung von Schuld und Unfähigkeit vermittels der Einführung alternativer Referenzquellen.

Die Klientin litt ein Jahr nach ihrer Scheidung an Depressionen und sozialen Ängsten. Sie selbst hatte die Scheidung veranlasst, nachdem sie erfahren hatte, dass ihr Mann sie bereits über ein Jahr mit einer ehemaligen Freundin betrog. Die in der Pubertät befindlichen Kinder waren bei ihr geblieben, sahen aber den Vater häufig.

Die Klientin machte sich selbst heftige Vorwürfe, ihren Mann zu rasch und zu vehement vor eine Entscheidung gestellt zu haben und so am Scheitern ihrer Ehe schuld gewesen zu sein. Sie fühlte sich in der Bewältigung des Alltags wie auch in der Erziehung der Kinder überfordert. Sie wurde von ihrem Hausarzt zur Therapie überwiesen.

Klientin: Mein Exmann sagt, ich erziehe sie falsch. Mit ihnen ist alles in Ordnung, nur ich bin diejenige, die nicht in Ordnung ist. Ich bin unfähig, mit ihnen fertig zu werden.

---

3 Eine zunehmend wichtige Referenzquelle für problemassoziierte Erzählungen bilden psychotherapeutische oder psychologische Texte. Leser können ihre Selbst- oder Beziehungserzählungen so umschreiben, dass ihnen Anschlussfähigkeit in Bezug auf favorisierte Texte zukommt. So lassen sich durchaus Moden von Erzählungen rund um spezifische Probleme-in-Sprache erkennen, die in Zusammenhang mit jeweils aktuellen Texten stehen bzw. diesen nachfolgen. Dies trifft etwa auf die Erzählung „Ko-Abhängigkeit", auf die Erzählung des „hilflosen Helfers" oder die Erzählung der „schwarzen Pädagogik" zu.

Therapeut: Sagt er das zu Ihnen oder zu den Kindern?
Klientin: Beides. Er sagt es ihnen, und mir sagt er es auch. Er hat ja Recht, ich komme mit ihnen wirklich nicht zurecht … er sagt, wenn sie bei ihm sind, gibt es diese ganzen Reibereien nicht, diese ständigen Auseinandersetzungen, wo du um jeden Handgriff, den sie machen sollen, feilschen musst. Er hat schon vorgeschlagen, dass er sie zu sich nimmt, aber ich will die Kinder nicht auch noch verlieren, nachdem ich ihn verloren habe.
Therapeut: Ich glaube nicht, dass Sie ihn „verloren" haben. Ich glaube, er hat seine Entscheidung schon getroffen, bevor Sie die Ihre getroffen haben … glauben Sie ihm, wenn er erzählt, dass er keine Auseinandersetzungen mit den Kindern hat?
Klientin: Ich weiß es ehrlich gesagt nicht. Früher sind sie schon gut miteinander ausgekommen … aber im letzten Jahr, wie er schon mit S. zusammen war, hatte er dann einfach keine Zeit mehr für sie … jetzt ist das natürlich anders. Er hat das ganze Wochenende frei. Er tut sich auch leichter. Er muss nicht ständig hinter ihnen her sein, auf die Aufgaben schauen, auf das Lernen, auf das Zusammenräumen und all das.
Therapeut: Mhm … Wie beschreiben es Ihre Kinder?
Klientin: Na ja, sie erzählen mir nicht so viel davon. Ich frage sie auch nicht, wie es ihnen gegangen ist, wenn sie bei ihm waren. Aber im Großen und Ganzen, glaube ich, gefällt es ihnen bei ihm. Es liegt gar nicht so daran, dass sie es bei ihm vielleicht besser haben, dass sie dort nicht so viel Pflichten haben wie daheim. Ich gönne ihnen das. Es liegt mehr daran, dass ich als Mutter das Gefühl habe, ich versage in der Erziehung. Es ist einfach schrecklich mühsam. Du sagst ihnen was, und beim nächsten Mal musst du es wieder sagen, und beim nächsten Mal wieder. Und wenn ich mich aufrege, kann ich mir anhören, was andere bei ihren Müttern alles dürfen und wie streng ich bin und wie kleinlich und pedantisch und so fort. Eigentlich haben sie damit ja auch Recht. Meine Mutter hat mir das auch schon gesagt.
Therapeut: Diese Idee, keine gute Mutter zu sein … Ihr Exmann scheint das zu glauben, die Kinder scheinen das manchmal zu glauben, Ihre Mutter scheint das zu glauben, Sie selbst scheinen das zu glauben … gibt es jemanden in Ihrem Leben, der glaubt, dass Sie Ihre Sache als Mutter gut machen? Der weiß,

wie schwierig es ist, Kinder allein großzuziehen, noch dazu, wenn sie in der Pubertät sind? Jemanden, der glaubt, dass Sie als Mutter kompetent sind? Dass es nicht darum geht, den Kindern den Weg ins Leben so leicht und bequem wie möglich zu machen, sondern dass sie lernen, Verantwortung zu tragen und auf eigenen Füßen zu stehen?

Klientin: Na ja, vielleicht am ehesten meine Schwägerin, die Frau von meinem älteren Bruder. Seine Exfrau eigentlich. Sie sind auch geschieden, aber ihre Kinder sind schon älter.

Therapeut: Mhm ... ist sie jemand, die eine ähnliche Lebenserfahrung hat wie Sie? Eine ähnliche Lebensweisheit?

Klientin: Ich glaube schon ... wir haben nicht so oft miteinander geredet, obwohl sie mir sympathisch war. Aber die beiden haben sich schon bald scheiden lassen.

Therapeut: Sehen Sie sie noch ab und zu?

Klientin: Sie wohnt jetzt wieder in der Nähe, und da treffen wir uns manchmal beim Einkaufen.

Therapeut: Sie weiß, wie schwierig es ist, Kinder allein großzuziehen, noch dazu, wenn der Vater das, was Sie als Mutter leisten, vor den Kindern abwertet?

Klientin: Ich glaube schon, dass sie das kennt und dass sie das versteht.

Therapeut: Glauben Sie, dass sie solche Abwertungen durch andere einfach hinnimmt, oder trauen Sie ihr zu, dass sie sich das nicht gefallen lässt?

Klientin: Das kann ich eigentlich nicht sagen, weil ich sie nicht so genau kenne. Da müssten wir wirklich vertrauter miteinander sein.

Therapeut: Mhm ... Sie müssten sich mit ihr vertrauter machen, um das herauszufinden ... Wer glaubt noch nicht an diese Idee der „unfähigen Mutter"?

Klientin: Na ja, mein Vater vielleicht. Er sagt nicht sehr viel, weil er ein sehr ruhiger Mensch ist. Aber ich weiß, dass er sich viel Gedanken macht.

Therapeut: Ihr Vater sieht Sie als Mutter, die ihren Kindern einen guten Weg vorgibt? Nicht den leichtesten, aber den verantwortungsvollsten? Wer kann Sie besser beurteilen? Ihr Vater oder Ihre Mutter?

Klientin: Eigentlich mehr mein Vater.

Therapeut: Was weiß Ihr Vater über Sie als Mutter?

Glaube und Zweifel

Die Erfindung von Brüchen bzw. Widersprüchen ist keine Besonderheit von Therapie. Im Alltag von Kommunikation verwirklicht sich Dekonstruktion als Zweifel bzw. als Missverstehen – der Zuhörer glaubt eine Erzählung nicht oder nicht in ihrer Gesamtheit. Er gibt ihr einen anderen Sinn, er weist ihr andere Bedeutung zu als die vom Erzähler beabsichtigte.

Wäre Dekonstruktion nicht mehr als Verneinung, würde der gemeinsame Diskurs abbrechen. Der Erzähler würde sich unverstanden fühlen, sich zurückziehen und/oder den Dialog in anderer Weise beenden.

Zweifel besagt nicht, dass das Erzählen des Klienten nicht zutrifft – sein Erzählen wird vielmehr als nicht vollständig gedacht.

Therapeutische Dekonstruktion aktualisiert sich in Einschränkungen und Relativierungen – der Therapeut glaubt Teile des Erzählten, er nimmt Teile des Erzählten von seinem Zweifel aus. Er operiert mit unterschiedlichen Graden an Zweifel.[4]

Das Erfinden von Brüchen und Widersprüchen im Kontext von Therapie muss verschiedenen Kriterien genügen. Es bedarf einer gesicherten Basis der Kooperation zwischen Klient und Therapeut, die durch ausreichende Verstehensprozesse, durch Bestätigung, Respekt und Anerkennung seitens des Therapeuten hergestellt und aufrechterhalten wird.

Es bedarf einer Ausklammerung von Zweifeln, die zu fremdartig sind: „Wer an allem zweifeln wollte, der würde auch nicht bis zum Zweifel kommen. Das Spiel des Zweifelns selbst setzt schon die Gewißheit voraus" (Wittgenstein 1992, S. 144).

Die Beiträge des Therapeuten zum Dialog umfassen ein Sowohl-als-auch von Glauben, von Zweifel und all den dazwischen liegenden Schattierungen.

Ihr jeweiliges Verhältnis ergibt sich aus ihrer Passung zur therapeutischen Kooperation und zum therapeutischen Ziel.

Im Kontext therapeutischer Kooperation ist es hilfreich, wenn jedwedem Zweifel Glaube vorausgeht.

---

4 „Ich behaupte in der Tat, daß es nie einen wirklichen, vollkommenen Skeptiker gegeben hat. Die Natur hilft der ohnmächtigen Vernunft und hindert sie, sich so weit zu verirren" (Pascal, zit. nach Küng 1978, S. 79).

Ein verstehensorientiertes, von Empathie getragenes therapeutisches Reformulieren ermöglicht die Bestätigung des vom Klienten Erzählten und ist zugleich Ausdruck der Wertschätzung seiner Person. Er realisiert Gehörtwerden – der Therapeut glaubt, dass die Erfahrungen des Klienten so sind, wie sie dieser beschreibt, und gibt ihnen dadurch Gewicht und Bedeutung.

In einem nachfolgenden Schritt kann der Therapeut Zweifel verwirklichen, indem er das vom Klienten Erzählte durch einen relativierenden Nebensatz einschränkt. Er vermittelt Zweifel, indem er seine Zusammenfassung der Klientenäußerung als Rückfrage formuliert oder mimische und gestische Handlungen – ein leichtes Kopfschütteln, ein zögerliches Formulieren – vollzieht, die seine Skepsis vermitteln.

Er verwirklicht Zweifel, indem er generalisierende Beschreibungen aufgreift und infrage stellt; indem er durch zirkuläres Fragen alternative bzw. widersprüchliche Deutungen mit einbezieht; indem er die Gewissheit einer Prophezeiung nicht teilt.

Knüpft der Klient an diesen Zweifel an, so entsteht ein Unterschied im Erzählen, an welchen der Therapeut erneut mit Bestätigung anschließen kann. Sie leisten so Schritt für Schritt ein „gemeinsames Verhandeln von Bedeutung" (Gergen a. Gergen 1983, p. 270; Übers.: K. P. G.).[5]

Der Kreislauf von Bestätigung und Infragestellung, das Pendeln zwischen Glauben und Zweifel ist die Grundmelodie des therapeutischen Dialogs.

---

5 In Analogie zu einem lerntheoretischen Konzept lässt sich dieser dialektische Prozess als ein Pendeln zwischen Verstärkung und Hemmung lesen. Die Mitglieder eines therapeutischen Systems sind aufeinander in einem ständigen gegenseitigen Konditionierungs- bzw. Steuerungsprozess verwiesen. Der Therapeut handelt selektiv, indem er spezifische Aussagen oder Aussageteile des Klienten hervorhebt und verstärkt oder diesen zustimmt. Er inhibiert andere Aussagen, indem er sie auslässt, unbeachtet lässt, Widerspruch erhebt, sie explizit verneint oder ablehnt. Dieser selektive Prozess wird nicht nur über sprachliche, sondern auch über nichtsprachliche Zeichen, die sich als Belohnung bzw. Bestrafung denken lassen, realisiert. Der Klient handelt seinerseits selektiv: Er verstärkt bzw. inhibiert spezifische Aussagen oder Aussagenteile des Therapeuten.

6. Herr Dostojewskij erzählt eine Lösung

In dem Roman *Die Brüder Karamasow* schildert Dostojewskij unter anderem die Jünglingsjahre des Helden Aljoscha in einem nahe seiner Heimatstadt gelegenen Kloster.
Er führt in einer Nebenerzählung den Mönch bzw. Starez[1] Sosima ein, der als positive Identifikationsfigur Aljoschas im Kontext der innerfamiliären Spannungssituation fungiert.
In diesem Zusammenhang beschreibt Dostojewskij das Wirken des Starez. Ein Ausschnitt aus dem entsprechenden Kapitel (1974, S. 68–72) soll im Folgenden als Exzerpt eines Therapiedialoges wiedergegeben und unter narrativen Gesichtspunkten erkundet werden:

„Und das ist eine von weit her!" wies er auf eine noch gar nicht alte, aber schon sehr hagere und ausgemergelte Frau, deren Gesicht von der Sonne geradezu schwarz gebrannt war.
„Von weit her, Väterchen, von weit her, dreihundert Werst von hier. Von weit her, Vater, von weither", sagte die Frau in singendem Tonfall, wobei sie in einer eigentümlichen Weise den Kopf gleichmäßig hin und her wiegte und die Wange auf die Handfläche stützte. Sie sprach, als stimmte sie einen Klagegesang an.
„Bist wohl vom Stand der Kleinbürger?" fuhr der Starez fort, der sie neugierig musterte. „Städter sind wir, Vater, ja, Städter, aus dem Bauernstande sind wir und dennoch Städter, wir leben in der Stadt. Dich zu sehen, Vater, bin ich gekommen. Wir haben von Dir gehört, Väterchen, ja, gehört. Mein kleines Söhnchen habe ich begraben, dann ging ich wallfahrten. In drei Klöstern bin ich gewesen, doch man hat mir geraten: Geh, mein Liebling, zu Euch. Und so kam ich, war gestern beim Nachtgottesdienst und bin heut zu Euch gekommen."

[1] Starez (russ., „der Alte") heißt in der russisch-orthodoxen Kirche der Beichtvater und geistliche Erzieher junger Mönche.

„Worüber weinst du denn?"

„Um mein Söhnchen ist es mir leid, Väterchen, dreijährig war es, nur drei Monate noch, dann wäre es drei Jahre alt gewesen. Um mein Söhnchen leide ich Qualen, Vater, um mein Söhnchen. Mein letztes Söhnchen war es, vier haben wir gehabt, ich und Nikituschka, aber die Kinderchen bleiben nicht bei uns, sie bleiben nicht, Ersehnter, sie bleiben nicht. Die drei ersten habe ich begraben, es war mir gar nicht sehr leid um sie, diesen letzten aber habe ich begraben und kann ihn nicht vergessen. Es ist mir, als ob er hier vor mir stünde und nicht von der Stelle wiche. Die Seele hat es mir ausgedörrt. Wenn ich auf seine kleine Wäsche blicke, auf sein Hemdchen oder seine Stiefelchen, da fange ich an zu weinen. Ich breite vor mir aus, was von ihm zurückgeblieben ist, jegliches Ding von ihm, sehe es an und weine. Ich sage zu Nikituschka, meinem Mann: Laß mich fort, Hausherr, laß mich wallfahrten gehen. Fuhrmann ist er, und wir sind nicht arm, Vater, nicht arm, wir betreiben selbständig das Fuhrgeschäft, alles gehört uns selber, die Pferdchen wie auch die Wagen. Doch was nützt uns jetzt die Habe? Zu trinken hat er angefangen, seit ich weg bin, Nikituschka, das ist gewiß so, und auch früher war es so: Kaum wende ich mich ab, wird er auch schon schwach. Jetzt aber denke ich gar nicht mehr an ihn. Nun bin ich schon den dritten Monat von zu Hause fort. Vergessen habe ich ihn, hab alles vergessen und mag nicht daran zurückdenken; was soll ich auch jetzt mit ihm? Schluß gemacht habe ich mit ihm, Schluß gemacht, mit allen Schluß gemacht. Nicht einmal anblicken möchte ich jetzt mein Haus und meine Habe, und ich möchte überhaupt nichts mehr sehen!"

„Hör zu, Mutter", sagte der Starez, „einstmals in uralten Zeiten erblickte ein großer Heiliger im Tempel eine Mutter, die ebenso weinte wie du, und sie weinte gleichfalls um ihr kleines Kind, um ihr einziges, das Gott auch zu sich gerufen hatte. Weißt du denn nicht, sprach zu ihr der Heilige, wie keck diese Kinder sind vor dem Throne Gottes? Ja, es gibt sogar niemanden im Himmelreich, der kecker ist als sie. Du, Herr, schenktest uns das Leben, sagen sie zu Gott, und kaum hatten wir es erschaut, nahmst du es uns wieder. Und sie bitten und flehen so keck, dass der Herr ihnen sogleich den Rang von Engeln verleiht. Und darum, sprach der Heilige, freue auch du dich, Weib, statt zu weinen, auch dein Kindlein weilt jetzt bei Gott dem Herrn in der Schar seiner Engel. Das ist es, was der Heilige zu dem weinenden Weib sagte in uralten Zeiten. Er war jedoch ein großer Heiliger und hätte es nicht vermocht, ihr die Unwahrheit zu sagen. Darum wisse, Mutter, dass auch dein Kindlein jetzt gewißlich vor dem Throne Gottes steht und sich freut und fröhlich ist und bei Gott Fürbitte tut für dich. Und darum weine auch du nicht, sondern freue dich."

Die Frau hörte ihm zu, die Wange in die Hand gestützt und den Blick zu Boden gesenkt. Sie seufzte tief auf.

„Ebenso hat auch Nikituschka mich zu trösten gesucht, Wort für Wort sprach er wie du. Du Unvernünftige, sagte er, warum weinst du, unser Söhnchen singt jetzt bestimmt vor Gott dem Herrn zusammen mit den Engeln. Er sagt das zu mir, doch auch er selber weint, ich sehe es, er weint ebenso wie ich. Das weiß ich, Nikituschka, sagte ich, wo sollte er denn sonst sein, wenn nicht bei Gott dem Herrn, doch hier bei uns, Nikituschka, ist er jetzt nicht mehr, so wie er früher hier saß!" Wenn ich doch nur ein einziges Mal ihn kurz wieder anblicken könnte, nur ein einziges Mal ihn kurz wieder anblicken, ich würde nicht einmal zu ihm hingehen, nichts sagen, würde mich in einen Winkel verkriechen, wenn ich nur ein einziges Augenblickchen ihn sehen, ihn hören könnte, wie er auf dem Hof spielt oder, wie so manchmal, herbeikommt und mit seinem Stimmchen ruft: Mütterchen, wo bist du? Wenn ich nur ein einziges Mal hören könnte, wie er mit seinen Füßchen durch das Zimmer geht, ein kurzes Mal nur, und mit seinen Füßchen trapp-trapp macht, und so rasch geht das, so rasch. Ich erinnere mich noch, wie er so manches Mal zu mir gelaufen kam und schrie und lachte. Wenn ich nur seine Füßchen hören könnte, ich würde ihn erkennen! Aber er ist nicht mehr, Väterchen, er ist nicht mehr, und ich werde ihn nie mehr hören! Hier ist sein Gürtelchen, er selber aber ist nicht mehr da, und nie mehr werde ich ihn sehen, nie hören!"

Sie holte einen kleinen, mit Borten besetzten Gürtel ihres Bübchens hervor, den sie unter dem Kleid am Busen trug, und kaum hatte sie ihn angeblickt, brach sie auch schon in ein Schluchzen aus, dass es sie nur so schüttelte, bedeckte mit den Händen ihre Augen, und die Tränen sprudelten plötzlich wie Bächlein zwischen den Fingern hervor.

„Es ist", sagte der Starez, „es ist wie in uralten Zeiten: Rahel beweinte ihre Kinder und wollte sich nicht trösten lassen, denn es war aus mit ihnen. So ist nun einmal das Los, das euch Müttern auf Erden beschieden ist. Tröste dich also nicht, du brauchst dich nicht zu trösten, tröste dich nicht und weine, nur rufe dir jedesmal, wenn du weinst, fest ins Gedächtnis, dass dein Söhnchen einer von den Engeln Gottes ist, von dort auf dich herniederschaut und dich sieht, sich über deine Tränen freut und Gott den Herrn auf sie hinweist. Und lange noch wird dir dieses heilige mütterliche Weinen auferlegt sein, doch schließlich wird es sich wandeln in eine stille Freude, und deine bittern Tränen werden dann Trä-

nen einer stillen Rührung sein und eine Läuterung des Herzens, die vor Sünden bewahrt. Deinem Kindlein aber will ich in meinem Gebet gedenken, auf dass Gott seiner Seele Ruhe schenke. Wie hieß es denn?"
„Alexej, Väterchen."
„Ein lieber Name. Nach Alexej, dem Gottesmenschen?"
„Dem Gottesmenschen, Väterchen, dem Gottesmenschen, nach Alexej, dem Gottesmenschen!"
„Welch ein Heiliger! Ich werde für ihn beten, Mutter, ich werde für ihn beten, auch deiner Trauer werde ich gedenken in meinem Gebet, und um deines Gatten Gesundheit werde ich beten. Aber es ist eine Sünde von dir, ihn zu verlassen. Gehe zu deinem Mann und habe Nachsicht mit ihm. Wenn dein Knäblein von droben sieht, dass du seinen Vater im Stich gelassen hast, wird es weinen über euch. Wie aber soll er denn gehen, wenn er euch, den Vater und die Mutter, nicht beisammen findet? Siehst du, er erscheint dir jetzt im Traum, und du quälst dich, dann aber wird er dir sanfte Träume senden. Geh zu deinem Manne, Mutter, heute noch geh zu ihm."
„Ich werde hingehen, du mein Lieber, wie du mich geheißen hast. In meinem Herzen hast du gelesen. Nikituschka, du mein Nikituschka, du erwartest mich, mein Liebling, erwartest mich."

Der Textrahmen

Der vorliegende Text wird im Folgenden als Therapieexzerpt betrachtet. In diesem Zusammenhang gelten einige Prämissen.

Das Exzerpt hat als literarischer Text einen Gegenstand, den man als Therapiedialog auffassen kann. Dostojewskij war aus eigener Erfahrung mit dem Starzentum vertraut – hierauf verweisen vorausgehende Textpassagen wie auch biographische Hinweise (vgl. Magarshak 1976). Das Exzerpt ist so seinem Wesen nach eine literarische Verdichtung eigener Erfahrung.

Der Text kann zugleich auch als „Beichtgespräch" – Dostojewskij verweist an anderem Ort auch auf öffentliche Angriffe gegen das Starzentum, da es das Beichtgeheimnis missachten würde – bzw. als Diskurs über religiöse Fragen gewertet werden.

Eine Fokussierung der therapeutischen Beschreibungsebene – der Starez wird im vorausgehenden Text mehrmals als „Arzt der Seele" bzw. „Ratgeber" tituliert – schränkt den religiösen Bedeutungskontext in keiner Weise ein.

Die Fiktivität, die durch die Quelle als literarisches Werk gegeben ist, verweist darauf, dass Literatur und Psychotherapie sehr häufig um den gleichen Gegenstandsbereich kreisen. Ihre Nähe birgt sowohl in praktischer als auch theoretischer Hinsicht eine Fülle von Anregungen und Erweiterungen für die Psychotherapie.

Der Kontext des Dialoges entspricht dem einer Einzeltherapie. Wiewohl sich der Diskurs ausschließlich zwischen Therapeut und Klientin entwickelt, findet der Therapiedialog in Anwesenheit etlicher Zuseher bzw. Zuhörer statt, die der Therapeut zu Beginn mit adressiert.

Die kurze Dauer und die Beschränkung auf einen einmaligen Dialog klassifizieren das Gespräch als Form der *Single Session Therapy* (vgl. Hoyt a. Talmon 1990).

Dostojewskij hinterlässt keine Hinweise auf die Effektivität der erzählten therapeutischen Szene. Im Fortgang des Romans fehlen Verweise darauf, ob die „Klientin" die „Anweisungen" des „Therapeuten" umsetzt und, wenn ja, mit welchem Erfolg.

EINE SEQUENZIELLE BESCHREIBUNG

Die nachfolgende Beschreibung gründet in einer Annahme des Als-ob: Sie unterstellt dem Therapeuten, dass er auf der Grundlage eines Konzeptes narrativer Unterschiedsproduktion handelt.[2] Wahrscheinlich ist allerdings, dass der Therapeut nicht im Sinne einer spezifischen therapeutischen Theorie handelt, sondern der Klientin persönlich Geglaubtes vermittelt. Er fokussiert vermutlich Inhalte, nicht aber deren Unterschiedsfunktion oder kommunikative Auswirkungen.

Der Beginn der Therapie entspricht dem Versuch der Herstellung einer vertrauensvollen Beziehung. Der einleitende Kommentar des Therapeuten kann im Kontext der vorausgehenden Erzählung als Wertschätzung der Klientin interpretiert werden kann – er anerkennt die Mühe des langen Weges, den sie auf sich genommen hat, um ihn zu sehen.

---

2 Andere mögliche Zugrundelegungen wären etwa ein strukturelles oder strategisches Therapieverständnis. Ebenso könnte der Text auf dem Hintergrund einer lerntheoretischen Matrix oder einer anderen therapeutischen Erzählmatrix gelesen werden

Die Klientin knüpft an diese Feststellung an und bestätigt sie. Die Sequenz geht in eine Klärung des sozialen Kontextes der Klientin über, die zugleich eine Beschreibung ihres Zugangs zur Therapie birgt.

Erst an dieser Stelle beginnt eine Erkundung der Problemsituation („Worüber weinst du denn?"). In der Folge beschreibt die Klientin ihre Trauer über ihr verstorbenes Kind und webt darin ihre biographische Erfahrung weiterer Verluste ein. Sie erzählt von ihrer familiären Situation; sie schildert die Unabgeschlossenheit ihrer Verlusterfahrung, wobei Unterschiede in den Versuchen der Bewältigung zwischen ihr selbst und ihrem Mann deutlich werden, die mit einer tiefen Entfremdung zwischen dem Paar einhergehen („Jetzt aber denke ich gar nicht mehr an ihn ... Vergessen habe ich ihn ... Schluß gemacht habe ich mit ihm"). Auch Unterschiede zwischen gegenwärtiger und früherer Verlustbewältigung werden deutlich. Der Lösungsversuch der Klientin besteht in der radikalen Abkehr von ihrem Zuhause und in der Abkehr von der Welt.

Die Beschreibung des Problems in seinen biographischen und familiären Zusammenhängen sowie des geleisteten Lösungsversuches der Klientin führt zu einer ersten Intervention des Therapeuten. Er spricht die Klientin als „Mutter" an und behält diese Konnotierung in der Folge bei. Er erzählt eine therapeutische Geschichte innerhalb eines religiösen Bezugsrahmens. Er führt einen dissoziierten Erzählstandort ein, wählt eine alternative Erzählzeit sowie alternativen Erzählraum. Seine Geschichte spielt nicht in dieser Welt. Zugleich stellt er eine Analogie her – die Heldin seiner Geschichte erlebt die gleiche Not wie die Klientin.

Der „Heilige", der als weiser Ratgeber in die Erzählung eingeführt wird, leistet eine radikale Umdeutung der Verlustsituation – das Kind in der Geschichte ist nach seinem Tod nahe bei Gott, in den Rang eines Engels erhoben, es ist keck und lebendig. Eine Lösungserzählung tritt an die Stelle der Problemerzählung. Den Probleminhalten, die sich in den von der Klientin im Zusammenhang mit dem Tod ihres Kindes gebrauchten Beschreibungen der leeren Hemdchen und Stiefel verdichten, stehen die eingeführten Lösungsinhalte des Therapeuten gegenüber. Der Erzählmatrix der Degression – dem nicht vorangekommenen Leben („... nur drei Monate noch, dann wäre es drei Jahre alt gewesen") – wird eine Matrix der Progression entgegengesetzt.

Der Erfahrung von Leere, Unvollständigkeit und Tod wird ein Bild von Fülle, Erfüllung, Lebendigkeit gegenübergestellt, wobei dieser Kontrast über die Brücke der Dissoziation vermittelt wird – der Therapeut macht seine Umdeutung nicht unmittelbar an der Verlusterfahrung der Klientin fest, sondern an einer analogen Erfahrung einer anderen Mutter, zu einem anderen Zeitpunkt, an einem anderen Ort.

Seine Unterschiedsproduktion mündet in eine Verhaltensanweisung, die wiederum indirekt an die Mutter gerichtet ist („Und darum, sprach der Heilige, freue auch du dich, Weib, statt zu weinen ...").

In der Folge ist der Therapeut um eine Schließung seiner alternativen Erzählung bemüht, indem er dem Ratgeber Autorität und Authentizität zuspricht („Er war ... ein großer Heiliger und hätte es nicht vermocht, ... die Unwahrheit zu sagen"). Diese sehr suggestiv wirkende Unterstreichung verleiht dem bisher Gesagten zusätzliches Gewicht.

Die therapeutische Intervention wird in der Folge wiederholt und auf die Klientin und ihre Lebenssituation in Form eines logischen Schlusses übertragen.

Die folgende Sequenz veranschaulicht, wie sich die Klientin an den eingeführten Unterschied des Therapeuten anschließt: „Sie seufzt(e) tief auf" und weist seinen Unterschied zurück.

Sie markiert den Unterschied als bekannt („Ebenso hat auch Nikituschka mich zu trösten versucht, Wort für Wort ...") und spricht ihm damit Erstmaligkeit und Bedeutung ab. Zum anderen stellt sie die Kongruenz der alternativen Erzählung infrage („Er sagt das zu mir, doch auch er selber weint ..."). Sie greift zwar den Lösungsinhalt auf („... wo sollte er denn sonst sein, wenn nicht bei Gott ..."), markiert ihn aber zugleich als emotional nicht bedeutsam („... doch hier bei uns ... ist er nicht mehr, so wie er früher hier saß!"). Das Wissen um das Bei-Gott-Sein ihres Kindes kann die Tatsache des Verlustes nicht aufheben.

In der Folge formuliert die Klientin einen Wunsch bzw. ein Ziel – sie will ihr Kind noch einmal sehen und hören. Die Vergegenwärtigung der Unerfüllbarkeit ihres Wunsches führt zu einer tiefen Trauer.

Zu diesem Zeitpunkt beginnt der Therapeut erneut zu intervenieren, wobei er sich wiederum des Instrumentes der therapeutischen Geschichte und der Dissoziation bedient. Er greift das Motiv der „uralten Zeiten" erneut auf, die Heldin seiner Erzählung ist aber dieses Mal als „Rahel" personifiziert.

Im Gegensatz zu seiner ersten Intervention bestätigt er mit seinem ersten Satz („Rahel beweinte ihre Kinder und wollte sich nicht trösten lassen, denn es war aus mit ihnen") die Erfahrung der Klientin. Er respektiert damit ihren Schmerz und ihre Erfahrung des Verlustes, statt sie – wie beim ersten Mal – zu übergehen.

Diese Bestätigung mündet in einer Aufhebung seiner ursprünglichen Verhaltensanweisung, indem er nun der Klientin Gegenteiliges empfiehlt: „Tröste dich also nicht …" Diese neue Anweisung wird dreimal hintereinander gegeben, was ihr zusätzliches Gewicht verleiht.

Er weist die Klientin an, mit dem fortzufahren, was sie tut. Im nächsten Schritt fügt er eine einschränkende Anweisung ein, die als ritualisierte Aufgabe zu verstehen ist („… jedesmal, wenn du weinst").

Diese Anweisung fokussiert erneut die Bedeutungsgebung der Klientin. Sie impliziert, dass sich die Klientin jedes Mal, wenn sie weint, an die Lösungserzählung erinnern sollte. Der Therapeut hält so an seiner ursprünglichen Intervention fest, er minimiert aber den eingeführten Unterschied, indem er ihn zeitlich kontextualisiert.

Der Therapeut nimmt in dieser Intervention Bezug auf das von der Klientin zuvor geäußerte Ziel, ihr Kind zu sehen bzw. zu hören, indem er Aspekte von Sehen und Hören in sein Ritual integriert und diese Aspekte zugleich transformiert – nicht die Klientin ist es, die ihr Kind sieht oder hört, sondern ihr Kind ist es, welches die Klientin „sieht" („herniederschaut") und sich Gott gegenüber äußert bzw. hörbar macht.

Der unerfüllbare Teil des Wunsches der Klientin – ihr Kind anblicken oder hören zu können – tritt zugunsten des erfüllbaren Teiles – mit ihrem Kind in Verbindung zu sein – in den Hintergrund.

An dieses Ritual knüpft eine Voraussage an, innerhalb deren sich der Therapeut erneut der Minimierung von Unterschieden vermittels Zeit bedient – er prophezeit eine langsame, aber umso gewissere Problemauflösung. Er verwendet in diesem Zusammenhang eine externalisierende Problembeschreibung („… lange noch wird dir dieses … Weinen auferlegt sein") und konstruiert damit eine Differenz zwischen der Person der Klientin und ihrer Erfahrung der Trauer.

Die ursprünglich eingeführte Lösungserzählung bleibt gewahrt – ihre Erfüllung ist nun aber in eine ferne Zukunft verschoben.

Seine Intervention wird durch das abschließende Versprechen abgerundet, der Therapeut werde des verstorbenen Kindes gedenken. Sein Versprechen ist erneuter Ausdruck seiner Empathie für die Klientin, es minimiert ein mögliches Risiko des Vergessens, das sich in der prophezeiten Transformation der Trauer der Klientin in eine „stille Freude" andeuten könnte.

Er beendet sein Intervenieren mit einer Frage an die Klientin statt – wie beim ersten Mal – mit einer Anweisung. Er erschwert es ihr damit, seinen eingeführten Unterschied erneut zu relativieren bzw. zurückzuweisen. Der angebotene Assoziationsrahmen – der Name des Kindes ist zugleich der eines „Gottesmenschen" – unterstreicht die Lösungserzählung.

Indem die Klientin seine Frage aufnimmt und dreimal bestätigt, signalisiert sie dem Therapeuten, dass sie sich ihm nun zustimmend anschließt. In der Folge weist der Therapeut die Klientin an, ihre Abkehr von Mann, Haus und Welt zu beenden und stattdessen zu ihm zurückzukehren. Sie soll „Nachsicht" mit ihm üben. Der Therapeut verknüpft dies suggestiv mit der vorausgegangenen Intervention des Gesehenwerdens durch ihr Kind. Die Anweisung der Rückkehr zu ihrem Mann wird mehrmals wiederholt.

Die Klientin greift abschließend die Anweisung des Therapeuten auf. Ihre Anmerkung („In meinem Herzen hast du gelesen") legt nahe, dass sie sich verstanden fühlt und dazu bereit ist, sich an seine Erzählung anzuschließen. Sie bestätigt den Therapeuten in seiner Kompetenz und bestätigt seine Lösungsideen und Anweisungen.

EIN PROZESSUALES MODELL VON THERAPIE

Gemäß K. Ludewig lassen sich die Aufgaben des Therapeuten auf vier Hauptbereiche reduzieren. Er hat zu folgendem beizutragen: Entstehung, Erhaltung, Verwirklichung und Beendigung des therapeutischen Systems (Ludewig 1987, S. 186).

> Herstellung des
> Therapiesystems

> Aufrechterhaltung
> und Verwirklichung
> des Therapiesystems

> Auflösung des
> Therapiesystems

Relationale Aufgaben des Therapeuten

DIE ENTSTEHUNG DES THERAPEUTISCHEN SYSTEMS

Die ersten Dialogsequenzen des Exzerptes dienen der Errichtung des therapeutischen Systems. Sie umfassen das Herstellen von Beziehung, die Erkundung des Zugangs- und Lebenskontextes der Klientin, die Beschreibung des Problems sowie des bisherigen Lösungsversuches der Klientin.

Ausgelassen bleibt eine Abklärung der Erwartungen der Klientin. Ein Kontrakt wird nicht vereinbart, er scheint weitgehend durch den Kontext der therapeutischen Begegnung und damit einhergehenden Rollendefinitionen festgelegt.

Der Auftrag der Klientin und der Rahmen ihres Gespräches werden nicht verhandelt, die Regeln der Kooperation innerhalb des therapeutischen Systems sind normativ vorgegeben.

Ebenso ausgelassen bleibt eine Erkundung des Ziels der Klientin. Analog zur fehlenden Auftragsklärung wirkt sich dies im Weiteren beschränkend auf das therapeutische System aus.

Die Aufrechterhaltung und Verwirklichung des therapeutischen Systems

Der Aufrechterhaltung des therapeutischen Systems lassen sich alle Handlungen des Therapeuten zurechnen, die auf das Bewahren der therapeutischen Kooperation ausgerichtet sind – seine Bereitschaft, der Klientin Raum für ihr Erzählen zu geben und ihr zuzuhören, sein Respekt, seine Anerkennung ihres Schmerzes.

Die Verwirklichung des therapeutischen Systems lässt sich prozessual in drei Schritte unterteilen – die Einführung, Passung und Sicherung von Unterschieden bzw. einer alternativen Erzählung.

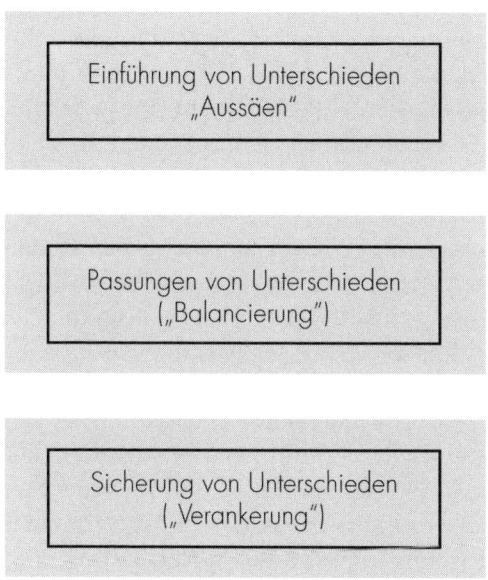

Inhaltliche Aufgaben des Therapeuten

1. Die Einführung von Unterschieden

In seiner ersten Intervention führt der Therapeut anstelle der Problemerzählung eine Lösungserzählung ein. Er fokussiert hierbei vorrangig die Bedeutungsgebung der Klientin, verknüpft diese jedoch zugleich mit der Handlungsebene. Seine Interventionsweise ist in hohem Maß direktiv.

Für die Zurückweisung der alternativen Erzählung durch die Klientin lassen sich mehrere Gründe ausmachen.

Zum einen scheint der Unterschied zwischen Problem- und Lösungsinhalt zu groß, als dass die Klientin ihn annehmen könnte – die Kluft zwischen ihrer Erfahrung des Schmerzes und des Verlustes und seiner eingeführten Lösungserzählung, die um das Bei-Gott-Sein des Kindes kreist, ist zu groß.

Zum Zweiten erweist sich seine Intervention als bereits bekannt – sie entspricht dem Tröstungsversuch ihres Mannes, der sich als ebenso wenig annehmbar erwiesen hat. Dies spricht dafür, dass sich der Therapeut mehr über bisherige Problemlösungsversuche der Klientin und ihrer Lebenswelt hätte kundig machen sollen.

Zum Dritten wird die Intervention des Therapeuten unmittelbar an die Erzählung der Klientin angeknüpft. Der Therapeut zeigt kein Verstehen, die Erfahrung des Schmerzes wird in keiner Weise empathisch aufgegriffen. Er entwickelt keine gangbare Brücke zwischen ihrem Erzählen und seinem Erzählen – er ist zu schnell, zu sehr auf Wandel ausgerichtet und gefährdet dadurch die therapeutische Kooperation.

Zum Vierten wirken sich die fehlende Zielbestimmung und der nicht geklärte Auftrag im nichtpassungsfähigen Intervenieren des Therapeuten aus – er führt einen Unterschied ein, ohne zu prüfen, ob dieser mit dem Ziel der Klientin oder mit ihrer Erwartung an den Dialog korrespondiert.

Dem entspricht sein fehlendes Sich-kundig-Machen darüber, welche therapeutischen Handlungen oder Unterlassungen für die Klientin hilfreich wären. Eine Abstimmung seines Handelns in Bezug auf ihre Erwartungen von Beginn an hätte ihm möglicherweise eine bessere Passung seines Handelns ermöglicht.

Jedwedem Einführen von Unterschieden muss ausreichendes Verstehen vorangehen. Hilfreich wäre wohl ein viel langsamerer Übergang von der Problem- zur Lösungserzählung gewesen, ein Prozess des Einsäens von kleineren Unterschieden, eine therapeutische „Entdeckung der Langsamkeit".

2. Die Passung von Unterschieden

Der Therapeut korrigiert seine Fehler in der nächsten Phase des Gespräches. Diese Sequenz lässt sich als Bemühen des Therapeuten um eine verbesserte Passung von Unterschieden lesen.

Er greift wiederum auf das Medium des Geschichtenerzählens zurück, personifiziert aber diesmal die Heldin und reduziert dadurch die Kluft zwischen dissoziierter und assoziierter Erzählperspektive. Er erleichtert der Klientin dadurch Identifikation und macht seine Erzählung prägnanter und annehmbarer.

Im nächsten Schritt führt er ein, was er zuerst ausgelassen hat – er würdigt ihren Schmerz und ihre Trauer. Damit schließt er sich der Klientin seinerseits an, ehe er weitere Unterschiede einführt.

Er stellt die Kooperation im therapeutischen System sicher, die durch die Zurückweisung seiner Intervention infrage gestellt war. Erst dadurch entsteht bei der Klientin die Bereitschaft dafür, destabilisierende Unterschiede seitens des Therapeuten aufzugreifen und in ihr eigenes Prozessieren einzuarbeiten.

Dieses Anschließen des Therapeuten aktualisiert sich auch im folgenden inhaltlichen Unterschied, der auf den ersten Blick wie ein Nichtunterschied wirkt – in seiner Empfehlung, sie solle sich nicht trösten.

Es hat den Anschein, als würde der Therapeut seine erste Intervention vollständig aufheben. Doch an die Stelle eines großen Unterschiedes führt der Therapeut einen kleinen Unterschied in Form eines Rituals ein, innerhalb dessen der Kern der Umdeutung des Todes des Kindes bzw. die Einführung einer Lösungserzählung gewahrt bleibt.

Freilich ist dieser Unterschied nun zeitlich und inhaltlich fragmentiert und auf einen spezifischen Anwendungskontext bezogen. Er ist darüber hinaus auf einen gedanklichen Akt eingeschränkt und muss sich nicht in der Handlungsweise der Klientin niederschlagen.

Als weiterer Schritt der Passung lässt sich die Einführung von Zeit – im Sinne des „lange noch" – verstehen: Die Klientin muss ihr Handeln nicht sofort ändern, wie es die erste Handlungsanweisung des Therapeuten nahe legte, sondern kann Veränderung in ihrer autonomen zeitlichen Organisation vollziehen.[3]

Die Phase der Passung von Unterschieden wird durch eine erneute empathische Zuwendung zu der Klientin abgeschlossen, indem der Therapeut nach dem Namen des Kindes fragt.

Er geht damit erneut auf die Klientin ein. Sein Erzählen personifiziert sich, verlässt den anonymisierten Raum, der um ein ungenanntes „Kind" oder „Kindlein" kreiste. Er sichert sich den Anschluss der

---

[3] Trotz dieser Einschränkungen bleibt der direktive Charakter seines Intervenierens erhalten.

Klientin, indem er eine mehr assoziierte Erzählperspektive wählt, seine Anteilnahme sowohl für das Kind als auch für die Mutter bekundet und sein Gedenken verspricht.

3. Die Sicherung von Unterschieden

Die dritte Phase der Verwirklichung des therapeutischen Systems lässt sich als Sicherung von Unterschieden zusammenfassen. Der Therapeut wiederholt seine Lösungserzählung und bestätigt die aufrechte Verbindung zwischen Mutter und Kind. Er verknüpft den Namen des Kindes mit dem eines „Gottesmenschen".

Er verdichtet damit die zentrale Unterschiedsidee. In der Folge leitet er entsprechende Handlungsimplikationen ab und bezieht den Mann der Klientin im Sinne einer prozessualen Intervention in die Lösung mit ein.

Durch häufige Wiederholungen, die einen tranceinduktiven Charakter aufweisen, werden die eingeführten Unterschiede verankert.

Die Auflösung des therapeutischen Systems

Die Auflösung des therapeutischen Systems geht sehr rasch vor sich. Die Klientin nimmt die eingeführten Unterschiede auf und bestätigt ihr Passen. Das therapeutische System löst sich ohne explizite Verabschiedung auf.

Das Lernen des Therapeuten

Unabhängig von einer Bewertung der inhaltlichen Dimension der alternativen Erzählung, die sich konsequent in das religiöse und kulturelle Weltbild von sowohl Therapeut als auch Klientin einfügt, beeindruckt an diesem Exzerpt das Lernen des Therapeuten: Er wird klüger während des Gesprächs.

Sein Lernen mag je nach Perspektive groß oder klein erscheinen – klein insofern, als seine Lösungserzählung im Kerne gleich bleibt: Die anfangs eingeführte Unterschiedsidee wird nur in ihrem Zuschnitt, nicht aber in ihrem Kern modifiziert.

Groß erscheint sein Lernen insofern, als der Therapeut sein prozessuales Vorgehen Schritt für Schritt mehr an die Klientin, an ihren Bedeutungs- und Lebenskontext, an ihr Ziel sowie an die Besonderheit der gemeinsamen Kooperationssituation anpasst. Groß erscheint es insbesondere auf dem Hintergrund der Zeit und des Rahmens ihrer Begegnung, die den patriarchalen und normativen Charakter der therapeutischen Kooperation prägen.

Das Lernen des Therapeuten zeigt sich in den geleisteten Passungen. Er lernt, seinen Unterschieden eine Bestätigung der Erfahrung der Klientin vorausgehen und nachfolgen zu lassen. Er lernt, sich für unterschiedliche Unterschiede zu öffnen. Sein Handeln verweist auf einen sich erweiternden Raum von Unterschiedserzeugung.

Der Therapeut lernt, Unterschiede als Ausgangspunkt für neue Unterschiede zu nutzen, die sich im Sinne gegenseitiger Anregung und Summation nach und nach zu einer alternativen Erzählung verdichten.

Der Therapeut lernt, Unterschiede kleiner zu gestalten, mehr entlang der Erzählung der Klientin. Sein Intervenieren ist zunehmend auf das Ziel und die Erwartungen der Klientin abgestimmt.

An die Stelle der großen Gegenerzählung lässt er eine bescheidenere, mehr fragmentarische Erzählung treten. Der therapeutische Effekt ist dadurch Ergebnis einer Summation kleiner Unterschiede bzw. „Folge von Mikrointerventionen" (Schiepek et al. 1995, S. 104).

Er lernt, langsamer zu werden. Im Vergleich zwischen erster und zweiter interventiver Sequenz wird deutlich, dass jeder eingeführte Unterschied erneut der Einbindung bedarf. Er wird klüger in Bezug auf die Notwendigkeit der Konsolidierung von Unterschieden.

Prozessual vermittelt der therapeutische Dialog den Eindruck einer zum Ende hin zunehmenden Verdichtung: Der Schlussteil wirkt als zusammenfassende „main intervention" (J. Zeig, pers. Mitteilung 1997), ist zugleich Abschlusskommentar und Abschlussintervention.

Als Kommentar verdichtet er die zentrale Unterschiedsidee; als Schlussintervention leistet er die Übersetzung des Unterschiedes in konkretes Handeln unter festgelegten raumzeitlichen Bedingungen.

Die Schlussphase des Exzerptes repräsentiert sein Bemühen um Sicherung und kontextuelle Konkretisierung der eingeführten Unterschiede. Sicherung umfasst auch den Versuch des Therapeuten, die eingeführte Erzählung in das soziale System der Klientin so einzuweben, dass sie nach Möglichkeit von ihrer sozialen Lebenswelt mitgetragen und unterstützt wird.

Dies gewährleistet, dass eingeführte Unterschiede sozialen Wachstumsraum erhalten. Sie können sich ausfalten, zu gelebter Erfahrung verdichten und Bestätigung erfahren.

7. Die Einführung und Passung von Unterschieden

„Wie schafft es die Welt, diese Illusion gleichbleibender Normalität zu bewahren, während sich in Wirklichkeit alles ... unabänderlich verwandelt?" (Rushdie 1989, S. 151)

Therapie gründet darin, dass ein Klient bestimmte Ausschnitte seines Lebens als verengt oder problematisch erfährt.

Aus dieser Enge ergibt sich, wovon die Rede sein soll; wer am therapeutischen Gespräch beteiligt ist, wer zu berücksichtigen oder mit zu bedenken ist.

Eine Klärung des Anliegens ermöglicht Unterscheidungen dessen, was der Klient erreichen möchte und was der Therapeut in diesem Zusammenhang tun und unterlassen sollte. Sie ermöglicht die Konstruktion eines hilfreichen zeitlichen Rahmens ihres Gesprächs. Das therapeutische System markiert mögliche Zeichen oder Kriterien eines „guten Endes"; es nimmt in diesem Zusammenhang seine Auflösung vorweg.

Umfasst das Klientensystem zwei oder mehr Personen, bedarf es einer minimalen Übereinstimmung der am Gespräch Beteiligten hinsichtlich der genannten Fragen. Oft ist die Konstruktion von Gemeinsamem bereits zugleich erster Schritt einer Problemauflösung, weil es einer Sprachspielregel der Symmetrie, des gegenläufigen Erzählens, zuwiderläuft und die Einübung von Konsensualität verwirklicht.

Das Erfinden eines gemeinsamen Themas in einem Mehrpersonensetting ist ein kooperativer Verhandlungsprozess aller Mitglieder des therapeutischen Systems. Es verwirklicht sich in der Verknüpfung unterschiedlicher Perspektiven, eventuell unter Einschluss oder Ausgrenzung möglicher Sichtweisen Außenstehender.

Es aktualisiert sich im Auffinden eines Sowohl-als-auch- bzw. eines Weder-noch-Themas oder in der gemeinsamen Definition eines Metathemas, das unterschiedliche Themen integriert oder vernetzt.

Der Verhandlungsprozess bezieht sich ebenso auf Ziele, auf den Rahmen von Therapie, auf den Auftrag sowie die Rolle und Funktion des Therapeuten.

All diese Schritte verwirklichen die Herstellung des Therapiesystems.

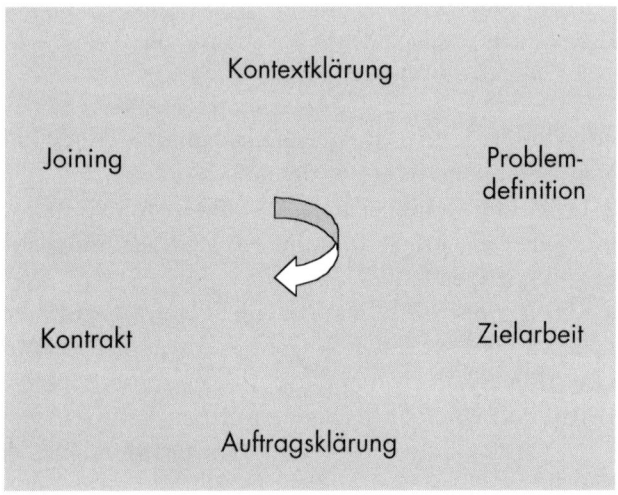

Die Herstellung des Therapiesystems

DIE HANDHABUNG VON UNGEWISSHEIT

Wenn ein Klient und ein Therapeut einander begegnen, sind sie füreinander unbekanntes Land. Im Zuge ihres Konversierens beginnt sich ihre jeweilige Unbekanntheit füreinander schrittweise aufzulösen. Klient wie Therapeut stellen gegenseitige Vertrautheit und Vorhersagbarkeit her. Sie koordinieren sich als Erzähler rund um ein Problem-in-Sprache.

Vermittels der kommunikativen Verhandlung von Thema, Ziel, Rahmen und Auftrag wird ihre gegenseitige Unbekanntheit nach und nach eingegrenzt und damit Komplexität reduziert. „In dieser Situation grundsätzlicher Ungewißheit gibt es zwei Möglichkeiten der Bearbeitung ...: Beobachtung und Kommunikation" (Willke 1988, S. 48).

Vermittels Beobachtung und Kommunikation kann der Therapeut hypothetisieren, welches Erzählen ein Erzählen sein könnte, das zugleich Unterschiede und Bestätigung realisiert. Er kann Annahmen entwickeln, welches Erzählen sich als passungsfähig zur Lebenswelt des Klienten erweist, welches Erzählen mit Zielen, Werten und Handlungsmöglichkeiten des Klienten korrespondiert.

Dieses Hypothetisieren hebt die grundsätzliche Intransparenz und Ungewissheit der therapeutischen Situation nicht auf – „Es gibt nur eine Gewißheit, nämlich, dass wir keine Gewißheit haben können; und deshalb gibt es auch die Gewißheit nicht, dass wir keine Gewißheit haben können" (S. Butler, zit. nach Retzer 1993a).

„Therapeutische Intervention sucht den Zustand eines psychischen oder sozialen Systems zu ändern, dessen Operationslogik der Therapeut grundsätzlich und definitiv weder voll verstehen noch beherrschen kann. Therapie ist deshalb zwingend Handeln unter Unsicherheit und mit Risiko" (Willke 1988, S. 41).

Der Therapeut verfügt in der Handhabung von Ungewissheit über zweierlei Wissen – über ein Wissen der Unterlassung und ein Wissen des Vollzugs.

Ein Wissen der Unterlassung

Ein Sprachspiel rund um ein Problem-in-Sprache steht nicht für einen Problemzusammenhang. Es bildet diesen nicht ab – das Sprachspiel ist Problemzusammenhang, ist jenes Flussbett, in das eine Problem-Erzählung eingebettet ist. Wäre das Flussbett der Sprache ein anderes, wäre auch der Fluss nicht der, der er ist. Er hätte sich aufgelöst zugunsten eines anderen.

Wir verfügen im Zusammenhang mit diesem anderen Fluss über kein positives Wissen im Sinne eines „so müsste erzählt werden". Unser Wissen lässt sich als negatives denken – wir wissen, welches Erzählen nicht mit einer Lösung einhergeht.

Unser Wissen ist ein Wissen der Unterlassung – es lehrt uns, nicht in einer Weise zu erzählen, die jener des Klienten rund um ein Problem-in-Sprache gleicht oder ähnlich ist.

Therapeutisches Wissen ist grundsätzlich vorläufiges Wissen. Es ist in jedem Augenblick der Therapie revidierbar. Dies impliziert, dass generelle Aussagen über Sprachspiele nicht möglich sind – ob ein Sprachspiel hilfreich im Sinne der Problemauflösung oder im Sinne der Aufrechterhaltung von Problemen ist, erweist sich ausschließlich im Kontext einer spezifischen Situation und Frage.

Das Sprachspiel, das im einen Fall mit dem Bestehen von Problemen einhergeht, kann in anderen Zusammenhängen das Sprachspiel sein, das mit einer Problemauflösung korrespondiert.

Ein Wissen des Vollzugs

Im Bemühen um Unähnlichkeit versuchen wir experimentell, ein alternatives Sprachspiel zu verwirklichen. Wir führen versuchsweise Unterschiede ein. Wir tun „mehr des anderen".

Wir „säen" Unterschiede (J. Zeig, pers. Mitteilung 1997) und nehmen wahr bzw. errechnen, ob diese Saat annehmbar ist und sich verwurzelt. Wir beginnen ein neues Sprachspiel und versichern uns vermittels Kommunikation und Beobachtung, ob es sich als passungsfähig und bedeutsam erweist.

Angesichts seines Nichtwissens darüber, welche Unterschiede angemessene und hilfreiche Unterschiede sind, muss der Therapeut auf verschiedene Möglichkeiten der Reduktion von Ungewissheit zurückgreifen.

Er kann Ungewissheit reduzieren, indem er bereits aktualisierte vergangene und gegenwärtige Unterschiede des Klientensystems erkundet und sich darüber informiert, welche Unterschiede im Nachhinein als hilfreiche Unterschiede gelten.

Er kann so zum einen Möglichkeiten des Erzählens ausschließen, welche nicht mit einer Auflösung des Problems-in-Sprache einhergehen. Er kann umgekehrt näher bestimmen, welches Erzählen möglicherweise mit einem Eintreten von Lösungen korrespondiert.

Das Lernen des Therapeuten, sein therapeutisches Handeln zeigt sich so als ein „Testen von Unterstellungen" (Klammer u. Klar 1998, S. 80).

Er handelt im Sinne von Versuch und Irrtum, indem er erzählend Unterschiede anbietet. Je nachdem, ob und wie der Klient das Erzählen des Therapeuten aufgreift, modifiziert oder verwirft, modifiziert der Therapeut nach und nach eigenes Erzählen.

Er lernt so, von den möglichen erzählbaren Geschichten diejenigen auszuschließen, die für den Klienten einen zu großen Unterschied erzeugen. Er lernt, Geschichten auszuschließen, die einen zu kleinen Unterschied erzeugen bzw. dem Erzählen des Klienten zu ähnlich sind.

Die fortlaufende Bewertung der Auswirkungen therapeutischen Erzählens lässt sich als multifaktorieller Errechnungsvorgang verstehen.

Bedeutsam ist nicht nur, ob eingeführte Unterschiede angenommen oder zurückgewiesen werden – wichtig ist auch, ob Unterschiede sich als generalisier- oder erweiterbar erweisen, ob sie mit weiteren Unterschieden verknüpft werden können, ob ihnen emotionale Relevanz zukommt, ob ihnen ein Moment der „Berührung" (Weingarten 1992) zukommt. Ebenso entscheidend ist, ob und welche Unterschiede von anderen Mitgliedern des therapeutischen Systems nach- und mitvollzogen werden bzw. ob ihre Einführung mit der Aufrechterhaltung von Kooperation im therapeutischen System einhergeht.

All dies einrechnend, kann der Therapeut eingeführte Unterschiede weiterführen, Verknüpfungen anbieten und sie nach und nach verdichten.

Erweist sich die eingeführte alternative Erzählung als unannehmbar oder als erneut in die dominante Erzählung einmündend, wird der Therapeut die eingeführten Unterschiede zurücknehmen oder einschränken.

DIE ERFINDUNG VON UNTERSCHIEDEN

Therapeutisches Handeln verwirklicht sich in einer dialektischen Bewegung. Der Therapeut führt alternative Erzählungen ein, indem er ausgelassene Dichotomien als mögliche Zugänge nützt.

Zum anderen vollzieht sich therapeutisches Handeln in der Infragestellung dominanten Erzählens – es zielt auf die Öffnung konversationaler Räume ab. Öffnen aktualisiert sich im Zweifel an dem Geglaubten, das die Erzählung „Problem-in-Sprache" umschließt; es verwirklicht sich in der Einführung ausgelassener Dichotomien der Außenseite von Erzählen.[1]

---

1 Eine literarische Analogie dieses Vorgangs findet sich in der Gegenüberstellung von „Wirklichkeitssinn" und „Möglichkeitssinn" (vgl. Musil 1994).

Das Erzählen des Klienten enthält keine Unterschiede an sich. Unterschiede sind Bedeutungsgebungen eines Beobachters. Sie sind Ausdruck therapeutischer Konstruktion bzw. Interpunktion. Sie sind ein Netz, das der Therapeut über das Erzählen des Klienten breitet, und somit Ausdruck seiner spezifischen Lesweise.

Der Therapeut markiert spezifische Abschnitte im Fluss des Erzählens des Klienten. Er hebt sie hervor, attribuiert sie in positiver Weise, gibt ihnen Raum, erkundet sie und exploriert ihre Zusammenhänge und Einbettungen. Er weist ihnen die Bedeutung „Unterschied" zu.

Aber der Therapeut interpunktiert nicht nur das Erzählen des Klienten. Er führt seinerseits Unterschiede vermittels seiner Fragen, seiner Anregungen und Kommentare, durch sprachliche Mikrointerventionen und Nichtsprachliches in das gemeinsame Erzählen ein.

Unterschiede müssen verschiedenen Kriterien der Passung genügen. Sie sollen sich als bedeutsam, berührend, als angemessen in Bezug auf die soziale und ökonomische Lebenswelt des Klienten erweisen. Sie sollen den Handlungsmöglichkeiten und Werten des Klienten entsprechen und die Aufrechterhaltung der therapeutischen Kooperation nicht behindern (Grossmann, Gschwend u. Waas 1998). Hilfreiche Unterschiede erzeugen Irritationen, die den Klienten zu einer Distanz in Bezug auf sein bisheriges Erzählen anregen: „Diese Distanz ist Grundlage ... für die Denkmöglichkeit von alternativen Optionen und mithin für Veränderung" (Willke 1988, S. 49).

EIN HILFREICHER ERZÄHLRAUM

Der Therapeut muss einen gesicherten sozialen Erzählraum generieren, um in Bezug auf das Klientensystem bzw. den Klienten und seine soziale Lebenswelt Anschlussfähigkeit für Unterschiede anzuregen bzw. zu gewährleisten.

Rechnet er die möglichen Anschlüsse wichtiger anderer nicht in sein Handeln und Erzählen ein, besteht die Gefahr, dass eingeführte Unterschiede wieder verloren gehen, indem sie keinen Widerhall in der Lebenswelt des Klienten erfahren und abgewertet oder ausgeschlossen werden.

Prozessuale Interventionen fördern die Einbettung alternativen bzw. Öffnung dominanten Erzählens im Kontext relevanter sozialer Systeme.

Vermittels prozessualer Interventionen werden spezifische kommunikative Anschlüsse gefördert oder eingeschränkt.

Sie verwirklichen sich etwa als Bemühen um Konsensualisierung oder als Versuch der Inklusion oder Exklusion spezifischer Beiträge sozialer anderer (vgl. Grossmann 1997).

Die Stimme des Therapeuten ist nur die Stimme eines Erzählers – sie kann im Vergleich zu jenen Stimmen, die auf andere Unterschiede abzielen oder zu einer Schließung dominanten Erzählens beitragen, zu leise oder zu unbedeutend sein.

Diese Einschränkung trifft nicht nur innerhalb des therapeutischen Systems zu. Unterschiedsorientiertem Erzählen in der Therapiesituation steht möglicherweise eine Vielzahl anderer Erzählungen rund um ein Problem-in-Sprache innerhalb der Lebenswelt des Klienten gegenüber, die von größerer oder ebenso großer Bedeutung sind.

Das Wissen, das wir nur ein Teil jenes Chores sind, der den Klienten umgibt, kann uns daran erinnern, kleinräumige und bescheidene, mit der Lebenswelt des Klienten verträgliche Unterschiede einzuführen und all diese anderen Stimmen in den therapeutischen Dialog mit einzurechnen. Es legt uns nahe, Fragen des Settings hohes Gewicht beizumessen (vgl. Ahlers 1996).

Die Ungewissheit therapeutischer Kommunikation ist dadurch verstärkt, dass „beide handelnden Beobachter in die Beobachtung (einrechnen), dass der andere handelnde Beobachter dies auch tut" (Retzer 1994, S. 12). Der Therapeut kann sich nie sicher sein, ob die von ihm hervorgehobenen oder eingeführten Unterschiede angenommen oder verworfen werden, welches Gewicht ihnen zukommt, welche Bedeutung an sie geknüpft wird.

Die seitens des Therapeuten generierten Unterschiede sind bestenfalls bedeutsame Umwelt für den Klienten. Sie bilden einen Hintergrund, auf dem der Klient gemäß seiner Selbstorganisation „seine" Unterschiede autonom erzeugt.

Hinzu kommt, dass der Therapeut nicht nur intentional, sondern auch nichtintentional handelt – er spricht und handelt auch unbedacht.

Unabhängig davon, ob der Klient diesen unbedachten (Sprach-)Handlungen Absichtlichkeit zuschreibt oder nicht, sind sie möglicherweise bedeutsame Umwelt für die Unterschiedserzeugung des Klienten.

Der Klient liest eventuell die Körperhaltung, den Tonfall, den Blick des Therapeuten als Bestätigung einer dominanten Erzählung. Er gewichtet diesen Text unter Umständen als bedeutsamer als den vom Therapeuten sprachlich erzählten. So muss sich der Therapeut immer wieder von neuem seiner erzählerischen Haltung vergewissern.

DIE EVALUATION VON UNTERSCHIEDEN

Umschreibt man Therapiediskurse als „Spiel mit Unterschieden" (vgl. de Shazer 1992), so lässt sich der therapeutische Dialog als Prozess der experimentellen Testung alternativen Erzählens verstehen.

In diesem experimentellen Feld findet ein Lernen seitens aller Beteiligten statt: „Therapeut und Klient kommen im Dialog zusammen; keiner von ihnen erhält eine unabhängige Bedeutungsstruktur aufrecht ... sie erzeugen eine geteilte Domäne der Bedeutung ..." (Anderson a. Goolishian 1990, p. 162; Übers.: K. P. G.).

Der Therapeut beobachtet unter inhaltlichen wie prozessualen Aspekten die jeweiligen kommunikativen Anschlüsse im Fluss des Erzählens und rechnet sie in sein Herstellen von Unterschieden ein. Er evaluiert sein Handeln, indem er verbale wie nichtverbale Reaktionen des Klienten bzw. des Klientensystems in sein weiteres Vorgehen mit einbezieht.

All dies modifiziert sein weiteres Erzählen, verändert seine Arten und Weisen des Fragens, Kommentierens und Handelns.

Die jeweiligen kommunikativen Anschlüsse des Klienten ermöglichen Annahmen darüber, ob und inwieweit alternatives Erzählen in den Vordergrund tritt und an Bedeutung gewinnt.

Dies wird im folgenden Ausschnitt eines Gespräches mit einem Paar, das wegen wiederholter gegenseitiger Gewalttätigkeit zur Therapie gekommen war, dokumentiert:

Frau: Seine ständige Nörgelei ist krankhaft.
Mann: Ihre andauernde Eifersucht, die ist krankhaft.
Therapeut: Mir ist klar, wie sehr diese Streitigkeiten Sie beide beeinträchtigen ... und es scheint klar zu sein, dass der Streit in letz-

ter Zeit immer mehr die Oberhand über Sie beide gewonnen hat und erfolgreich dabei ist, Sie in die Knie zu zwingen ... Wie würden Sie das einschätzen, jetzt gerade – wenn auf der einen Seite dieses Kampfes Sie beide stehen und auf der anderen der Streit und die Gewalt, wer würde da im Kräftemessen als Sieger hervorgehen ... Wie würden Sie das sehen, Frau B., wie viel Punkte hätte der Streit, und wie viel hätten Sie beide?
Frau: Sie meinen, wir zwei gegeneinander?
Therapeut: Nein, Sie beide gegen den Streit.
Frau: Na ja, ich weiß nicht, wie viel Punkte gibt es denn?
Therapeut: Mh ... vielleicht zehn insgesamt.
Frau: Na, dann steht es 9 zu 1 oder 8 zu 2 höchstens.
Therapeut: Für den Streit und die Gewalt?
Frau: Ja.
Therapeut: Mhm ... und der Gatte, wie, glauben Sie, würde er das einschätzen? Ähnlich?
Frau: Ich glaub schon. 8 zu 2 wahrscheinlich.
Therapeut: Würden Sie das ähnlich einschätzen wie Ihre Frau?
Mann: Ja, da liegt sie schon richtig.
Therapeut: Mhm ... darf ich Sie fragen, Herr B., haben Sie das noch in Erinnerung, wie es war, als Sie beide in diesem Kräftemessen gegen den Streit noch die Oberhand hatten, wo die Gewalt sich noch nicht in Ihre gemeinsame Beziehung gemischt hat? Wann war das?
Mann: Ja ... also ... am Anfang, als meine Frau und ich uns kennen gelernt haben, da gab es zwar manchmal ein Gewitter, aber nie so was. Daran hätte keiner von uns je gedacht.
Frau: Das war ganz anders.
Therapeut: Mhm ... was war ganz anders?
Frau: Du warst ... wir waren viel aufmerksamer.

Die Sequenz dokumentiert, dass mit der Einführung alternativen Erzählraumes und alternativer Erzählzeit der Erzählinhalt des Paares sich hin zu Lösungsinhalten verschiebt. Damit gehen alternative gegenseitige soziale Anschlüsse beider Partner einher. Ihr Erzählen ist fortschreitend aufeinander bezogen, sie inkludieren die Beiträge des jeweils anderen zunehmend im Verlauf ihres Kommunizierens.

Ein über den Augenblick des Dialogs hinausgehender Weg der Evaluation therapeutischer Unterschiedsproduktion ergibt sich aus den Berichten von Klienten während oder am Ende des gemeinsamen Dialoges, aus Erzählungen über Veränderung in der nachfolgenden Therapiestunde sowie aus metakommunikativen Kommentaren.

Bleiben diese Zeichen aus bzw. geht Therapie mit einer Erzählung der Stabilität oder Degression rund um ein Problem-in-Sprache einher, ist es sinnvoll, den therapeutischen Dialog selbst zum Gegenstand des Erzählens zu machen.

Über therapeutische Dialoge lässt sich wie über jedes andere Thema in unterschiedlichsten Sprachspielen reden, sie können Gegenstand lösungs- wie problembezogenen Erzählens sein.

Gleicht das Sprachspiel über Therapie jenem, das Anlass bzw. Gegenstand des therapeutischen Dialoges war bzw. ist, liegt eine Textähnlichkeit oder (sprachliche) „Systemanalogie" (Schiepek 1991) vor. Sie ist ein prägnanter Hinweis darauf, dass der Therapeut bzw. das therapeutische System in seiner Unterschiedsproduktion (noch) nicht oder nicht mehr hilfreich ist. Das interventive Handeln des Therapeuten bewährt sich nicht, ist zu wenig bedeutsam oder trägt zu einer Schließung problemassoziierten Erzählens bei.

Zuweilen kann das therapeutische System vermittels „Konsultation des Klienten" (vgl. Epston a. White 1992; Übers.: K. P. G.), vermittels „Supervision durch das Klientensystem" (A. Retzer, pers. Mitteilung 1992), durch erneute Ziel- und Auftragsklärung einen neuen Anfang finden bzw. das Setting und den Rahmen des therapeutischen Gesprächs an den Bedarf des Klienten anpassen.

Zuweilen ist es sinnvoller, das Gespräch zu beenden, um zu verhindern, dass das therapeutische System selbst Teil des Problemsystems wird.

Mehrere Wege

Fragen, Kommentare, Anregungen, Skulpturierungen und andere interventive Medien sind Transportmittel für Unterschiede.

Eine dissoziierte Erzählperspektive lässt sich beispielsweise auf unterschiedlichste Arten und Weisen einführen – ihr Ziel ist jeweils die Herstellung von Distanz zwischen Erzähler und dem, wovon erzählt wird.

Wir können einen entfernteren Standort des Erzählers vermittels eines zirkulären Fragens nach der Sicht wichtiger sozialer anderer oder vermittels reflexiver Fragen, die in einem hypothetischen Erzählstandort gründen, nahe legen. Wir können das, wovon erzählt wird, durch Externalisierung vom Erzähler wegbewegen. Wir können uns einer skulpturierenden Darstellung bedienen und einen außen liegenden Erzählstandort markieren, den der Klient einnimmt; wir können eine Hausaufgabe der Selbstbeobachtung vorschlagen oder den Klienten bitten, in einem Brief an sich selbst eine Stimme der kritischen Distanz zu Wort kommen zu lassen – all dies und alle die ungenannten anderen Möglichkeiten sind letztlich Variationen der Einführung eines Unterschieds.

Je vielfältiger unsere interventiven Medien sind, desto reicher sind unsere Möglichkeiten der Herstellung von Passung und der Individualisierung unterschiedsorientierten Erzählens.

8. Die Sicherung von Unterschieden

> „Die Sprache wird eine sein, die von der Seele zur
> Seele spricht und alles zusammenfaßt."
> (A. Rimbaud, zit. nach Eco 1997)

Die als Außenseite von Erzählen eingeführten kontextuellen Ebenen der Authentizität, Kongruenz, Kohärenz und sozialen Passung können als Zugangstore der Infragestellung von Erzähltem betrachtet werden. Öffnet der Therapeut diese Tore im Gespräch, so lockert sich das feste Mauergefüge des Systems von Geglaubtem, innerhalb dessen dominantes Erzählen eingebunden ist.

Zugleich stellen diese äußeren Rahmungen wichtige Möglichkeiten der Absicherung alternativen Erzählens dar. Die Zuschreibung von Authentizität, Kongruenz, Kohärenz und sozialer Passung verleiht alternativem Erzählen Gewicht und Bedeutung, sodass es sich gegenüber dominantem Erzählen bewähren kann.

DIE ZUSCHREIBUNG VON KONGRUENZ

Der folgende Dialogausschnitt aus einem Erstgespräch dokumentiert die Infragestellung von Kongruenz einer dominanten Erzählung der Sinnlosigkeit. Der dadurch entstehende Raum ermöglicht die Konstruktion alternativen Erzählens. Die Klientin kam nach wiederholten Suizidversuchen auf Vermittlung ihres Psychiaters zur Therapie. Der Schlussteil des Exzerptes verweist auf den Versuch des Therapeuten, der alternativen Erzählung ihrerseits Kongruenz zuzuschreiben.

Klientin: Ich glaube nicht, dass es irgendeinen Sinn hat, dass ich herkomme.

Therapeut: Wie kommt das?
Klientin: Was?
Therapeut: Dass Sie glauben, dass es keinen Sinn hat?
Klientin: Im Krankenhaus haben sie schon alles versucht.
Therapeut: Was haben sie schon versucht?
Klientin: Medikamente ... und Gespräche.
Therapeut: Was könnten wir hier tun, das Sie darin bestärkt, dass Ihr Herkommen ein weiterer sinnloser Versuch wäre?
Klientin: Ich weiß nicht ... über meine Gefühle reden.
Therapeut: Das würde Sie darin bestärken, dass es ein sinnloser Versuch wäre?
Klientin: Ich glaube schon.
Therapeut: Angenommen, wir würden darüber reden, was Sie tun, nicht darüber, was Sie fühlen, würde das einen Unterschied ausmachen? Wäre es sinnvoller oder sinnloser?
Klientin: Ich weiß nicht ... das habe ich mir noch nicht überlegt.
Therapeut: Ich bin mir selber nicht sicher ... zum einen höre ich, dass es sinnlos ist herzukommen. Zum anderen sehe ich, dass sie gekommen sind und jetzt mir gegenübersitzen ... Es ist so, als gäbe es eine Stimme in Ihnen, die daran glaubt, dass es sinnlos ist, einen weiteren Versuch zu machen, und zugleich gibt es vielleicht eine andere, eine leisere, die daran glaubt, dass es helfen könnte. Aber ich bin mir nicht sicher.
Klientin: Ja, vielleicht ist das so. Wenn, dann ist sie wirklich ganz leise.
Therapeut: Sie ist sehr leise, aber sie würde dem entsprechen, was sie tun.

Eine spätere Sequenz aus demselben Gespräch nimmt das Motiv der beiden Stimmen der Klientin erneut auf.

Therapeut: Wie viele Versuche, sich das Leben zu nehmen, haben Sie schon gemacht?
Klientin: Das war jetzt der dritte. Der letzte war vor zwei Monaten.
Therapeut: Wie haben Sie es gemacht, dass alle drei mit dem Leben ausgegangen sind?
Klientin: Ich hab es immer mit Tabletten gemacht ... und dann, nachdem ich sie genommen habe, habe ich Angst bekommen und den Arzt angerufen.

Therapeut: Sie haben sich immer selber gerettet?
Klientin: Ja, ich habe plötzlich so Angst gekriegt, dass ich angerufen hab.
Therapeut: Dazu gehört viel Mut.
Klientin: Ich weiß nicht. Mutig habe ich mich selber nicht erlebt.
Therapeut: Ich glaube schon, dass das mutig ist. Es wäre wahrscheinlich einfacher gewesen, fortzugehen, statt zurückzukommen. Was hat Sie bewogen, Sich selbst zu retten?
Klientin: Irgendwas in mir wollte wahrscheinlich weitermachen.
Therapeut: Ein Teil von Ihnen wollte weiterleben. Ist es derselbe Teil, der daran glaubt, dass es sinnvoll ist, eine Lösung zu suchen?
Klientin: Ja, ich glaube, das ist derselbe.
Therapeut: Was weiß dieser Teil von Ihrem Leben?

Erst wenn die Schließung einer dominanten Erzählung – etwa die Eindeutigkeit einer Erzählung der Sinnlosigkeit – aufgebrochen ist, entsteht Raum für alternatives Erzählen.

Der vermittels Dekonstruktion entstehende freie Raum des Erzählens bleibt nicht leer – er füllt sich nach und nach mit alternativen Erzählungen, die ihrerseits im Fortlaufen des Dialogs zu neuem Geglaubten verdichtet werden.

Das im Kontext von Therapie entstehende neue Sprachspiel soll sich nach Möglichkeit als kongruent, als mit aktualisierten Handlungen des Klienten übereinstimmend, erweisen.

Im besten Fall trifft dies bereits auf den therapeutischen Dialog selbst zu – das Gespräch eines Paares im Kontext der Therapie ist dann nicht (nur) ein Reden über eine alternative Erzählung, sondern bereits deren Vollzug, ist Übereinstimmung von Gelebtem und Erzähltem.

Analoges gilt für ein einzeltherapeutisches Setting: Das Erzählen über Versöhnung mit sich selbst verwirklicht sich unter Umständen bereits in der versöhnlichen Rede, zeigt sich in einer zunehmenden Sprache selbstbezüglicher Wertschätzung und des Respektes.

Häufig finden sich Kongruenzmarkierungen in kurzen metakommunikativen Kommentaren des Therapeuten während des Gespräches oder in abschließenden, das Gesprächsende begleitenden Zusammenfassungen.

Für ein Übereinstimmen von Rede und Handlung sind Beobachtungsaufgaben, Prognoseaufgaben, So-tun-als-ob-Aufträge, Handlungsexperimente und Rituale (vgl. de Shazer 1985; Sevini Palazzoli et al. 1979) von wesentlicher Bedeutung. Sie schaffen jenes Ufer gelebter und erlebter Erfahrung, in das sich neue Erzählungen einbetten können und durch das sie an Glaubwürdigkeit gewinnen.

DIE ZUSCHREIBUNG SOZIALER PASSUNG

Die Paartherapie, der folgender Ausschnitt entnommen ist, kam auf Zuweisung einer Sozialarbeiterin zustande, die aufgrund der wiederholten Gewalttätigkeit des Mannes um die Kinder und die Frau besorgt war.

Mann: Ich arbeite den ganzen Tag, und wenn ich heimkomme, geht es furchtbar zu. Sie schafft es nicht, dass sie zusammenräumt oder dass die Kinder Ruhe geben. Und wenn man müde ist, hat man halt einfach nicht mehr so die Nerven.
Therapeut: Sie wünschen sich, dass es ruhiger wäre, wenn Sie heimkommen ... was genau ist Ihr Wunsch, wie stellen Sie sich einen angenehmen Abend nach der Arbeit vor?
Mann: Dass man sich in Ruhe hinsetzen kann und essen ... dass es nicht so ausschaut. Überall steht alles herum, und die Kinder schreien.
Therapeut: Frau L., was ist Ihr Wunsch?
Frau: Dass er aufhört, so herumzubrüllen und sich so aufzuführen. Und dann einfach zuschlägt. Ich hab es ihm schon hundertmal gesagt, mit Zuschlagen löst du keines unserer Probleme. Aber er dreht einfach durch. Er hat die Nerven einfach nicht mehr.
Therapeut: Mhm ... was wäre denn für Sie ein angenehmer Abend?
Frau: Na, wenn er heimkommt, dass er ein bisschen was erzählt, was so war, und mit den Kindern noch was tut. Dann kann ich in Ruhe die Hausarbeit fertig machen. Aber dazu hat er nicht die Nerven.
Therapeut: Ja, die Nerven spielen da schon eine wichtige Rolle ... Sie wissen beide, wie Sie es gern anders hätten. Sie möchten, dass der Abend nach einem anstrengenden Arbeitstag ruhig abläuft. Aber dafür braucht man ziemliche Nervenstärke. Herr L., hal-

ten Sie Ihre Kollegen in der Firma oder Ihr Chef eher für einen nervenstarken oder für einen nervenschwachen Mann? Wenn die jetzt da wären, was würden sie sagen?

Mann: Na ja, ... das ist verschieden. Mein Chef würde sagen, ich bin einer, der die Nerven behalten kann. In meinem Beruf muss man das können. Wer da die Nerven wegschmeißt, macht die Arbeit nicht lange.

Die Erzählung beider Klienten gründet in einem gemeinsamen System des Geglaubten – der Geschichte der fehlenden Nervenstärke des Mannes. Ihre jeweils gegenseitige Authentizitierung geht mit der Aufrechterhaltung von Gewalttätigkeit einher.

Die im Schlussteil der Sequenz gestellte Frage nach der Sichtweise wichtiger sozialer anderer erkundet eine mögliche Bruchstelle des dominanten Erzählens. Sie führt eine neue Referenzquelle ein und ermöglicht es, die Glaubwürdigkeit bisherigen Erzählens infrage zu stellen.

Im Folgenden füllt der therapeutische Dialog den so entstandenen Raum mit alternativem Erzählen:

Therapeut: Woran genau merkt Ihr Chef, dass Sie ein Mann sind, der die Nerven behalten kann?

Mann: Na, dass ich die Ruhe bewahre, wenn im letzten Moment noch was daherkommt – wenn z. B. die Route geändert wird oder eine Lieferung dazukommt oder so was.

Therapeut: Sie behalten die Nerven, wenn etwas Unvorhergesehenes passiert?

Mann: Ja, meistens schon.

Therapeut: Mhm ... Wie sind Sie zu dieser Fähigkeit gekommen?

Mann: Das ist schwer zu sagen ... ich glaub, das ist mit den Jahren gekommen.

Therapeut: Wann genau haben Sie begonnen, diese Fähigkeit, die Nerven zu behalten, zu entwickeln?

Mann: Also, wie ich angefangen habe, dort zu arbeiten, da hat es schon Schwierigkeiten gegeben deswegen. Auch mit den Kollegen. Aber mit der Zeit wird man halt ruhiger.

Therapeut: Frau L., ist Ihnen das aufgefallen? Haben Sie bemerkt, dass Ihr Mann in der Arbeit stärker geworden ist, dass er besser mit Unvorhergesehenem umgehen kann?

Frau: Ja, irgendwie schon. Es hat halt weniger Krach mit seinen Kollegen gegeben, gerade mit einem, du weißt schon. Er hat es zumindest nicht mehr so oft erzählt, nicht mehr so viel geschimpft deswegen. Selbst dabei war ich ja nicht.
Therapeut: Hat Sie das überrascht, dass es ihm gelungen ist, dass er sich selbst beigebracht hat, die Nerven zu behalten ... oder haben Sie ohnehin damit gerechnet?
Frau: „Überrascht" ist zu viel gesagt. Gemerkt hab ich es aber schon.
Therapeut: „Überrascht" ist zuviel. Sie haben es einfach gemerkt ... hat es da bestimmte Hinweise gegeben, in Ihrem Zusammenleben, im Alltag in der Familie, die deutlich gemacht haben, dass er seine Nerven unter eigener Kontrolle hat?

Die alternative Erzählung der Nervenstärke wird vom Mann aufgegriffen und im Dialog weitergeführt. Um sie gegenüber der dominanten Erzählung aufzuwerten, wird die Frau als Referenzquelle alternativen Erzählens mit einbezogen und dadurch soziale Passung generiert.

Alternatives Erzählen bedarf der Authentizitierung durch soziale andere. Dies kann sich in einem einzeltherapeutischen Setting in der hypothetischen Einbeziehung Dritter aktualisieren. Da das Therapiesystem die Freiheit aufweist, in seinem Erzählen durch Raum und Zeit zu reisen, kann der Therapeut das Eintreten einer Lösung vorwegnehmen und erkunden, mit welchen Wahrnehmungen, Einschätzungen, Beurteilungen sozialer anderer es einhergehen wird. In einem Mehrpersonensetting kann allen Mitgliedern eines Therapiesystems diese Funktion von Referenzquelle und Zeugenschaft für alternatives Erzählen zukommen. Im einen wie im anderen Fall ist der Therapeut wesentlicher Miterzähler, sowohl Quelle von Unterschieden als auch Zeuge von Wandel.

Die Zuschreibung von Authentizität

Die Markierung neuer Sprachspiele als stimmig bzw. authentisch wird durch Bezüge zwischen alternativem Erzählen und emotionalen Erlebensprozessen des Klienten gefördert.

Von besonderer Bedeutung sind in diesem Zusammenhang historisierende Fragen: Sie lassen neue Erzählungen/Erzählweisen als bereits in der Biographie des Klienten verwurzelt erscheinen. Der folgende Ausschnitt entstammt einem Abschlussgespräch:

Therapeut: Wenn Sie jetzt in der Zeit zurückblättern, wie in einem alten Tagebuch ... und Sie schlagen die Seiten auf, die Sie geschrieben haben, als Sie vierzehn oder fünfzehn waren ... würden Sie da in Ihren Eintragungen etwas vorfinden, das darauf hinweist, dass Sie eine Frau sind, die weiß, was sie will, und entschlossen daran festhält?
Klient: Ich habe wirklich ein Tagebuch geführt, damals ... ja, ich glaube, da würde ich schon einiges davon finden. Ich müsste nachschauen ... das ist eine interessante Frage ... ja, ich glaube schon.
Therapeut: Es wäre gut, nachzuschauen und das nachzuprüfen ... was, glauben Sie, steht da?
Klient: Wahrscheinlich ein Durcheinander über meine Freundinnen, meine Eltern, meinen Bruder. Aber auch viel über mich ... damals war ich wirklich sehr entschlossen.
Therapeut: Sie haben Ihre Entschlossenheit schon damals an sich bemerkt?
Klient: Ja, davon könnten meine Eltern ein Lied singen.[1]

Die Zuschreibung von Kohärenz

Alternatives Erzählen soll sich als kohärent erweisen: Es bedarf der Passung zur Vielzahl der Erzählungen über andere Wirklichkeitsausschnitte im Leben des Klienten.

Ist diese Passung nicht gegeben, besteht die Gefahr, dass neues Erzählen zu fremdartig erscheint oder durch Dominanz anderer Erzählungen relativiert wird.

Dieser Brüchigkeit kann therapeutisches Erzählen begegnen, indem es mögliche Vernetzungen und Auswirkungen einer alternativen Erzählung auf andere Erzählungen einrechnet. Der therapeutische Dialog kann Implikationen von Wandel in Bezug auf Erzählungen über Selbst, über andere und Welt vorwegnehmen

---

1 In dem Textausschnitt wird die Erzählung nicht nur als personal stimmig markiert – die Klientin führt selbst soziale Passung in ihr Erzählen ein, indem sie ihren Eltern Zeugenschaft für die alternative Erzählung zuschreibt.

oder Dekonstruktion auf andere Erzählungen über andere Wirklichkeitsausschnitte ausdehnen.

WEGE DER SICHERUNG

Wichtige Möglichkeiten der Sicherung von Unterschieden bilden historisierende und futurisierende Fragen.

Lassen sich Unterschiede historisierend mit der Biographie von Klienten verbinden, so erscheinen eingeführte Unterschiede nicht als fremd, sondern knüpfen an Elemente seiner Lebensgeschichte an. Ein Klient, der nach der Scheidung den Boden unter seinen Füßen verloren hat und sich dem Leben nicht stellen zu können glaubt, kann eine zentrale Unterschiedsidee des Therapeuten – den Glauben an die Fähigkeit des Klienten, allein leben zu können – leichter aufgreifen, wenn er sie mit biographischen Erfahrungen geglückter Autonomisierung verknüpfen kann. Ein Paar mit symmetrischen oder gewaltvollen Kommunikationsgewohnheiten kann sich an eine Unterschiedsidee gewaltfreier Konfliktlösung oder komplementärer Begegnung eher anschließen, wenn es sie als Wiederbegehung eines bereits einmal beschrittenen Pfades versteht.

„Futurisierende" Fragen nehmen geglückte Zukunft vorweg – sie entwerfen ein Bild der allmählich sich mehr und mehr verstärkenden bzw. ausbreitenden Lösung, ein Gemälde der zunehmenden Verankerung von Unterschieden im Alltag und damit einhergehender positiver Implikationen.

Mithilfe von Historisierung und Futurisierung werden Unterschiede in die Zeit eingewebt.

Vernetzende Fragen schaffen Zusammenhänge im sozialen wie personalen Raum des Klienten. Sie konstruieren Verbindungen zwischen Erlebens-, Denk- und Handlungsprozessen und entwerfen Korrespondenzen der Auswirkung von Lösungen in verschiedenen Lebensbereichen. Sie nehmen die Wahrnehmung und Anerkennung von Veränderung durch wichtige soziale andere vorweg.

Sicherung umschließt sprachliche wie nichtsprachliche Modalitäten. Sie kann durch einen spezifischen Wortgebrauch, mithilfe von Schlüsselwörtern, vermittels Bildern bzw. symbolischer Repräsentationen, durch spezifische kinästhetische Kodierungen von Erfahrung oder anderes verwirklicht werden.

9. Therapie und Schreiben

„Oft fehlte zu einem Gegenstand, den er deutlich vor sich sah, der passende Ausdruck. Dann wieder schien der laut gesprochene Text einen inneren zu verfälschen, der den wahren Zusammenhang enthielt."
(Nadolny 1990, S. 7)

Schreiben unterscheidet sich von anderen Möglichkeiten des Erzählens durch seine Nachhaltigkeit – wer einem anderen oder sich selbst schreibt, hält reflektierend inne, hält die Zeit kurz an, nimmt eine Außenperspektive ein. Er sammelt den Fluss des Bewusstseins und kanalisiert ihn in seiner Mitteilung.

Schreiben beruht wir jede andere Tätigkeit auf Operationen der Unterscheidung – es selegiert und verknüpft Ereignisse. Durch Schreiben wird Erzählen Halt und Dauerhaftigkeit verschafft. Was geschrieben wird, schwarz auf weiß steht, lässt sich gemäß unserer kulturellen Tradition und unseren kulturellen Praktiken schwerer aus der Welt schaffen als Ausgesprochenes.

Schreiben vollzieht sich nicht von Angesicht zu Angesicht. Der adressierte Zuhörer ist nicht außen, sondern innen – seine Reaktionen können bestenfalls antizipiert werden und damit nur in einer hypothetischen Vorwegnahme das, was wir erzählen, beeinflussen.

Briefe ermöglichen eine Fortsetzung und Vertiefung des therapeutischen Dialoges mit anderen Mitteln. Sie sind ein wichtiges Medium der Einführung, Passung und Sicherung alternativen Erzählens.

All die bereits genannten möglichen Unterschiede bzw. Dichotomien können Gegenstand von Schreiben sein.

Umgekehrt können Briefe ein Medium der Öffnung dominanten Erzählens sein. Wir können in Briefen nach all jenem fragen, was nicht zueinander zu passen scheint. Sie ermöglichen das Aufwerfen von Fragen, die im nachfolgenden Therapiegespräch oder auch in einem Antwortbrief zu neuen Fragen führen.

Schreiben birgt Langsamkeit. Mündlichkeit ermöglicht und bedingt Unmittelbarkeit – im mündlichen Dialog rechnen wir die Rezeption des Erzählten seitens unseres Zuhörers ein, und dieses Errechnen beeinflusst unser weiteres Erzählen. Je nach kommunikativer Absicht passen wir unser Erzählen der Erzählsituation und der erlebten Beziehung zum Zuhörer an.

Wir antworten auf zuweilen minimale Verhaltenszeichen, auf ein Nachfragen und Kommentieren unseres Gegenübers mit Einschränkung, Relativierung oder auch mit Zuspitzung bzw. Pointierung dessen, was wir erzählen. Wir modifizieren unser Erzählen – wir führen aus, argumentieren, schwächen ab, belegen, begründen, verstummen, nehmen zurück, schränken ein.

Im Kontext therapeutischer Dialoge wie in Alltagsdialogen setzen wir Handlungen der Beziehungssicherung, wenn wir den Eindruck haben, zuviel an Verstörung oder Fremdheit auszulösen; oder wir forcieren Verstörung, wenn sie unserer komunkativen Absicht entspricht.

In einer Erzählsituation von Angesicht zu Angesicht besteht die fortlaufende Möglichkeit, Erzähltes unmittelbar zu verändern, um ein hohes Maß an Verstehen oder Missverstehen sicherzustellen.

Im Schreiben sind die Möglichkeiten kommunikativer Passung wesentlich eingeschränkt. Der Schreibende kann seine Verrechnungen nur auf Vermutungen gründen, auf angenommene Wahrscheinlichkeiten möglichen Verstehens und Missverstehens, die auf seinem Hypothetisieren über die Rezeption des Lesers gründen.

Er kann zugleich leichter über antizipiertes Nichtverstehen hinweggehen – der Schreibende kann nicht unterbrochen werden.

In einer hinsichtlich des Verstehens und der Herstellung möglicher Passungen ebenso eingeschränkten Situation befindet sich der Adressat bzw. Leser. Ihm fehlen die Möglichkeiten des unmittelbaren Dialoges, um sein Verstehen in Relation zu dem, was der Schreibende beabsichtigt, zu qualifizieren.

Schreiben bzw. Lesen erhöht füreinander gegebene Intransparenz, weil sie Erzähler und Adressat der Möglichkeit unmittelbaren Nachfragens sowie der Ergänzung von Verstehen durch den Regress auf nichtsprachliche Zeichen des jeweils anderen, die als bedeutungsgebender Kontext von Erzählen fungieren, berauben.

Schreiben birgt Innehalten und Nachhaltigkeit. Es löst spezifische internale Suchprozesse nach der Bedeutung des Gesagten beim Leser aus; es erlaubt ihm zugleich, jederzeit zum Erzählten zurückzukehren.

Wenn wir uns Gedanken als Wolkenzüge vorstellen, die kommen und gehen, so verleihen wir bestimmten Gedanken, bestimmten Wolkenkonfigurationen durch Verschriftlichung Dauerhaftigkeit. Wir können in Briefen blättern wie in Fotoalben, bei einmal Gesagtem, einmal Gedachtem verweilen, zu ihm jederzeit zurückkehren: Schreiben verlangsamt Zeit.

Zwischen Mitteilung und etwaiger Antwort liegt zumindest die Zeit des Lesens und der Übermittlung.[1]

Nachdrücklichkeit, Innehalten sowie die Unmöglichkeit der raschen Herstellung von Verstehen sind wesentliche und hilfreiche Bedingungen reflexiv orientierter Therapie. Sie bergen sowohl für den Klienten wie für den Therapeuten die Chance, tradierte Praktiken des Erzählens zu negieren und Neues einzuführen.

Therapeutische Briefe

Im therapeutischen Kontext können Briefe drei Funktionen realisieren.

1. Intentionale Funktion

Briefe können in einer inhaltlichen Intention um ein Problem-in-Sprache, um damit verbundene Kontexte, Bedeutungen oder Lösungen kreisen und diesbezügliche Fragen, Ideen oder Vorschläge thematisieren.

2. Positionale Funktion

Briefe können in einer positionalen Absicht Fragen der Selbstreferenz von Klienten, der Beziehung zwischen Klient und wichtigen anderen und der Kooperation zwischen Klient und Therapeut fokussieren.

---

1 Diese Zeitspanne nimmt im Kontext elektronischer Möglichkeiten der Kommunikation zunehmend ab. Je mehr diese auch im Kontext von Therapie zur Anwendung kommen, desto eher behindern sie die entschleunigende Funktion von Therapie.

3. Performative Funktion

Briefe können in einer performativen Absicht dazu dienen, problemauflösende Handlungen zu vollziehen. „Performative Sprechakte" unterscheiden sich von konstativen Sprechakten bzw. Feststellungsäußerungen dadurch, dass Erstere eine Handlung vollziehen: „Indem man (Worte) ausspricht, schafft man eine Tatsache" (Husted 1993, S. 239).

Im Schreiben können all diese Funktionen auch zugleich verwirklicht werden. Das Schreiben eines Briefes seitens des Therapeuten realisiert immer zugleich eine positionale Absicht – zumeist dient es der Sicherung der therapeutischen Kooperation.

Gemäß unseren kulturellen Traditionen weisen wir dem Schreiben eines Briefes oft bereits an sich die Bedeutung der Beziehungssicherung zu. Die Tatsache, dass jemand sich Zeit nimmt, einen Brief zu schreiben, sich der Mühe des Schreibens unterzieht, wird im Allgemeinen als Ausdruck der Wertschätzung für den Adressaten gesehen. Der positionalen Absicht wird gewöhnlich auch durch formalisierte Strukturen der Einleitung und des Abschlusses eines Briefes Rechnung getragen.

SCHREIBENDER UND LESER

Im Kontext von „Briefen in Therapie" kann der Schreibende vielerlei Gestalten annehmen. Ebenso vielfältig sind die möglichen Gestalten des adressierten Lesers – wer schreiben und wer lesen soll, wer wem in welchem Zusammenhang in welcher Absicht was mitteilt, ergibt sich aus der Fragestellung, der Zielsetzung und den kontextuellen Bedingungen des therapeutischen Dialogs.

Mögliche Schreibende sind vor allem der Klient und der Therapeut. Aber beide, vor allem der Klient, können ihre Stimme auch anderen leihen. Der Klient kann sich aus der Perspektive eines internalisierten anderen mitteilen.[2] Ein Beispiel hierfür ist der Brief eines vierzehnjährigen Mädchens, das an Anfällen von Hyperventilation und Panik in der Schule litt – im Erstgespräch erwähnte sie ihren Wunsch, eine ältere Schwester zu haben, mit welcher an ihrer Seite sie sich das Leben einfacher und geschützter vorstellte.

---

2 Ein junges Mädchen entdeckte im Kontext der Therapie die Möglichkeit, sich selbst Ermutigendes vermittels Briefen aus der Perspektive einer von ihr bewunderten Filmschauspielerin mitzuteilen.

Der Gedanke mündete in den Vorschlag, ihrer unsichtbaren älteren Schwester zu schreiben und sie um einen Antwortbrief in Bezug auf den Umgang mit ihrer Panik zu bitten.

Liebe A.,
Du hast im letzten Brief geschrieben, dass ich Dir helfen soll. Ich werde es so gut wie möglich versuchen. Am besten ist es, wenn Du das Schwindelgefühl ganz gelassen nimmst. Sage Dir einmal: Ich muss ein kostbarer Mensch sein, dass nur ich diesen Schwindel habe. Der Schwindel zeigt Dir, dass Du ein weiches Herz hast und sensibel bist. Ich denke, dass Menschen, die ein weiches Herz haben und dazu noch sensibel sind, besonders wertvolle Menschen sind.
Als Letztes kommt der beste Vorschlag: Wenn der Schwindel kommt, verstecke ihn nicht, sondern rede mit den anderen darüber. Es ist sicher besser, als wenn Du ihn verheimlichst. Zum Schluss wünsche ich Dir, dass Dir mein Brief ein bisschen hilft.
Alles Gute.

Ein Klient kann seine Stimme auch symbolisierten Entitäten – externalisierten Problemen, Lösungen, Ressourcen und anderem – zur Verfügung stellen. Unter diesem Vorzeichen kann ein Problem in Gestalt eines Freundes oder Vertrauten in Erscheinung treten, der dem Klienten wie dem Therapeuten lösungsrelevante Mitteilungen in brieflicher Form zukommen lässt.

Variationen des Mediums „Briefe in Therapie" ergeben sich auch aus der Vielfalt möglicher Adressaten – diese können der Klient selbst sein, ein oder mehrere andere Mitglieder des Therapiesystems, der Therapeut und/oder andere Personen der sozialen Lebenswelt des Klienten.

Andere mögliche Empfänger therapeutischer Briefe können gestorbene oder aus den Augen verlorene Personen sein, Teile des Selbst des Klienten, aber auch externalisierte Probleme oder Lösungen, die als Freund, als Ratgeber, als Feind oder Gegenspieler fungieren.

Letzteres zeigt sich im Beispiel eines Abschiedsbriefes, innerhalb dessen eine lange Zeit auf antidepressive Medikamente angewiesene Frau ihre Problemauflösung dokumentiert. Der Brief ist zugleich performativer Akt der Verabschiedung.[3]

3 Der Brief erwies sich auch in anderer Weise als sehr bedeutungsvoll; in der Abschlusssitzung der Therapie kam die Klientin im Kontext von Fragen ei-

Liebe Medikamente!
Ich schreibe Euch diesen Abschiedsbrief, weil ich merke, dass ich jetzt nach drei Jahren gut ohne Euch auskommen kann. Ihr seid mir besonders im letzten Jahr schon ganz schön auf die Nerven gegangen. Aber trotzdem bin ich Euch dankbar, dass Ihr mir nach der schwierigen Zeit meiner Scheidung zur Seite gestanden habt.

Meine Ärztin hat damals richtig erkannt, dass ich es ohne Euch nicht schaffen würde. Ihr habt mir den Schmerz und die Enttäuschung und das Gefühl, dass mit der Scheidung alles Vorherige sinnlos geworden ist, erträglich gemacht. Der Schmerz war zwar immer noch da, aber er hat weniger wehgetan.

In den letzten Monaten habe ich dann aber gemerkt, dass Ihr mir nicht nur Schutz gegeben habt. Es war wie bei meinem Mann. Anfangs war er wie eine Mauer, die mir viele Schwierigkeiten vom Leib gehalten hat – und später war diese Mauer wie die von einem Gefängnis.

Mit Euch ist es mir ähnlich gegangen. Ich habe lange gebraucht, bis ich es gelernt habe, mich selbst zu schützen, statt mich von anderen beschützen zu lassen. Jetzt kann ich es, und ich werde es nicht mehr verlernen. Ich weiß nicht sicher, ob ich Euch nicht doch noch einmal in meinem Leben brauchen werde, aber für jetzt verabschiede ich mich von Euch und bin froh, Euch los zu sein.

Vom Übersenden und Ankommen

Briefe können in unterschiedlicher Weise zirkulieren – sie können real verschickt, überreicht, vorgetragen oder symbolisch versendet werden. Sie können im Rahmen eines Rituals der Luft, der Erde, dem Wasser oder dem Feuer übergeben werden. Sie können zerstört oder einfach aufbewahrt werden. Je nach Handhabung erfüllen sie verschiedene Funktionen der Mitteilung, der Erkundung, der Beglaubigung, des Erinnerns, des Abschließens. Sie können Neues beginnen oder Bisheriges beenden. Ihre Verwendung verwirklicht unterschiedliche performative Aspekte von Schreiben.

nes möglichen Vor- oder Rückfallrisikos erneut auf diesen Brief zurück und beschloss, ihn um seiner „Versicherungskraft" willen in ihrem Tagebuch aufzubewahren. Sie würde ihn bei möglicher erneuter „Gefahr" wieder hervorsuchen und durchlesen.

Ist der Brief an reale Personen adressiert, eröffnet er die Möglichkeit eines sich mündlich oder schriftlich fortsetzenden Dialoges bzw. Multiloges.

Hierzu zählen unter anderem Rundbriefe: Ein Mitglied des Therapiesystems kann die anderen Mitglieder über eine für ihn wichtige Erfahrung, Erkenntnis oder Frage informieren und dadurch sicherstellen, dass sie seine Mitteilung zum gleichen Zeitpunkt erhalten und alle über denselben Informationsstand verfügen.

Mithilfe von Briefen kann ein Klient insbesondere die Personen seiner Lebenswelt, die nicht Mitglied des therapeutischen Systems sind, über wichtige Veränderungen informieren.

INHALTLICHE INTENTION DES SCHREIBENS

Briefe im Kontext von Therapie können wie der therapeutische Dialog selbst Unterschiedlichstes zum Thema haben. Sie können Ursachen, Bedingungen und Wege von Problemgenerierung fokussieren, sie können Möglichkeiten und Strategien der Problemaufrechterhaltung erkunden, Szenarien des „Guten am Schlechten" entwerfen, mögliche Nachteile und Risiken, die mit einer Auflösung oder Verabschiedung eines Problems einhergehen, zum Gegenstand haben.

Briefe können Lösungen thematisieren, ihre Generierung und Auswirkungen, damit einhergehende Licht- oder Schattenseiten. Sie können Strategien oder Schritte der Veränderung vorwegnehmen, vergleichen oder abwägen. Sie können den Beginn, die Fortsetzung oder auch den Abschluss eines Dialoges mit „Problemen" oder „Lösungen" repräsentieren.

Briefe können ein Medium sein, um Ausnahmen und Unterschiede von Problemen hervorzuheben oder diese einzuführen.

Briefe können einer verstärkten Reflexion oder auch Problematisierung dienen, sie können auf motivationale Fragen eingehen, Anerkennung für Veränderung aussprechen. Sie können Wandel und Problemauflösung sichern, auf Ressourcen verweisen und Ermutigung vermitteln.

Probleme-in-Sprache gehen oft mit sozialem Rückzug oder mit Isolation von Klienten einher.

Degressive Texte über Problem-in-Sprache werden seltener mitgeteilt als Erzählungen, die von Gesundheit, von Gelingen oder Erfolg handeln. Degressive Texte bleiben aus sozialen Diskursen weitgehend ausgeschlossen. Sie erfahren wenig Widerhall bzw. unterliegen häufiger dem Verschweigen. Sie bleiben unerzählt, weil ihr Erzählen mit Scham, mit Angst vor sozialen Sanktionen und Entwertung verbunden ist.

Schreiben kann ein „mittlerer Weg" der Mitteilung sein. Es setzt keine Unmittelbarkeit der Begegnung voraus, es operiert mit der Nähe der Abwesenheit, ist Hinausgehen über soziale Abgeschlossenheit und zugleich dessen Bewahrung. Schreiben kann mündlichen Dialog begründen, muss dies aber nicht tun – es birgt auch die Möglichkeit, den anderen zu meiden.

Briefe können eine „Zwischenprovinz" der Begegnung sein. Sie können sowohl Medium der Veröffentlichung von Leid als auch Medium der Tabuisierung sein. Sie ermöglichen es, bei dem zu bleiben, was man sagen will, und bewahren vor der Gefahr, mehr als im Moment gewollt zu erzählen. Sie verwirklichen geschützte Preisgabe.

Wer eine persönliche leidvolle Erfahrung in einem geschützten Rahmen mitteilt, ermöglicht, dass seine Erfahrung von anderen gehört, anerkannt, vielleicht auch geteilt wird. Eine mit anderen geteilte Erzählung muss nicht mehr allein auf den Schultern getragen werden – ist Problemhaftes nicht mehr generell tabuisiert und zugleich unter den Schutz des Vertraulichen gestellt, kann es sich mitunter in Verstehbares, Verständliches, Bewältigbares, zuweilen auch in Alltägliches transformieren.

Briefe können den mündlichen Dialog des Therapiegespräches einschränkend, ergänzend oder erweiternd fortsetzen.

Diese Funktion kommt den Briefen zu, die im therapeutischen Gespräch Ausgelassenes fokussieren; stand im Therapiegespräch vorwiegend oder ausschließlich äußerer Erzählraum – Handlungen oder Interaktionen des Klienten – im Zentrum, so kann ein Brief Gedanken, Gefühle und Erleben zum Gegenstand haben – oder umgekehrt.

Die Sachlichkeit bzw. Konkretheit eines vorausgegangenen therapeutischen Dialoges kann vermittels eines nachfolgenden Briefes um Metaphorisches angereichert werden. Umgekehrt kann ein Brief mit bildhafter Sprache im therapeutischen Dialog konkrete Beschreibungen bzw. Fragen folgen lassen. Briefe können so den Dialog vervollständigen.

Briefe können Ein- wie Multiperspektivität (vgl. Penn u. Frankfurt 1994) favorisieren und damit auf ein Schließen oder Öffnen von Erzählen abzielen.

Multiperspektivität lässt sich etwa vermittels der Empfehlung an den Klienten, in Bezug auf ein bestimmtes Thema mehrere Briefe von verschieden definierten Blickwinkeln aus zu schreiben, einführen.[4] Multiperspektivität und Mehrdeutigkeit ist aber auch innerhalb eines Briefes herstellbar, etwa vermittels einer dialektischen Struktur des Briefes. Der Klient wird gebeten, erst die Vorteile, dann die Nachteile einer Problemauflösung aufzuzeichnen und These wie Antithese abschließend zu integrieren.

POSITIONALE INTENTIONEN

Ein möglicher zentraler Fokus therapeutischer Briefe ist die Beziehung des Klienten zu sich selbst oder zu Personen seiner sozialen Lebenswelt.

Briefe können Nähe zu und Abstand von sich selbst anregen. Sie können der Absicht folgen, den Klienten mit verschiedenen Teilen seines Selbst auszusöhnen oder ihnen gegenüber in kritische Distanz zu treten.

Eine analoge Funktion kann Briefen in Bezug auf soziale Beziehungen des Klienten zukommen. Sie können eine Einladung zu alternativer Beziehungsstiftung, zur Bewahrung, Veränderung oder zur Auflösung einer Beziehung beinhalten; sie können thematisieren, was in Beziehungen offen geblieben ist. Sie können wichtige soziale andere in Rituale des Übergangs einbeziehen. Sie können ein Medium des Ausschlusses sozialer anderer darstellen – Partner können in einer Konfliktsituation ihre jeweiligen „Verbündeten" von ihrer gemeinsamen Suche nach einer Lösung informieren und sie darum bitten, ihr gemeinsames Projekt nicht zu behindern.[5]

---

4 Im Kontext therapeutischer Arbeit mit Gewalttätern kann der Therapeut einen Täter dazu anregen, einen Brief über Gewalterfahrung aus der Perspektive des Opfers zu schreiben, um sein Erzählen über Gewalt zu modifizieren.
5 Unter Umständen kann es auch sinnvoll sein, Verbündete in das therapeutische Gespräch mit einzubeziehen (White 1985).

Positionale Intention im Kontext des therapeutischen Systems
Briefe können die Kooperation zwischen Klient und Therapeut zum Gegenstand haben.

Der Klient kann etwa den Therapeuten brieflich bereits vor Beginn der Therapie darüber informieren, welches therapeutische Handeln zu einer Auflösung des Problems beitragen würde; umgekehrt kann der Therapeut diesbezügliche schriftliche Fragen stellen und sich so der Möglichkeiten passungsfähiger Kooperation vergewissern.

Briefe über therapeutische Kooperation ermöglichen die Thematisierung von Störungen, von fehlendem Verstehen oder Kränkung sowie von Auslassungen des therapeutischen Dialoges.

Zuweilen ist für den Therapeuten oder den Klienten eine Therapiestunde nicht wirklich abgerundet. Der Therapeut hat einen Fehler gemacht, der der Auflösung oder der Entschuldigung bedarf.

Der folgende Brief ist Ausdruck eines diesbezüglichen Versuchs; er ist an einen Klienten gerichtet, der wegen Depressionen im Kontext einer starken Bindung an seine Herkunftsfamilie und daraus resultierenden Schwierigkeiten in seiner gegenwärtigen Paarbeziehung zur Therapie gekommen war. Sein Lösungsversuch bestand darin, es „allen recht machen zu wollen", wodurch seine eigenen Bedürfnisse und Wünsche ausgelassen blieben.

Dem Brief war ein Gespräch vorausgegangen, innerhalb dessen der Therapeut eine verstärkte Abgrenzung des Klienten favorisierte, was in eine Rückzugsbewegung des Klienten und eine Einschränkung der therapeutischen Kooperation während des Dialogs mündete.

Sehr geehrter Herr T.,
das gestrige Gespräch mit Ihnen hat mich nachträglich noch sehr nachdenklich gestimmt. Es beeindruckt mich, wie bemüht Sie darum sind, eine Lebensweise zu finden, die all den Menschen, die Sie lieben, entgegenkommt.

Ich hatte zugleich den Eindruck, dass dadurch Ihre Loyalität sich selbst gegenüber in den Hintergrund tritt.

Beim Nachdenken über unser Gespräch ist mir deutlich geworden, dass ich Sie in einseitiger Weise an diese Ihre Loyalität sich selbst gegenüber erinnert habe und dadurch den Such- und Entscheidungsprozess, in dem Sie sich befinden, zusätzlich erschwert habe.

Ich halte Sie für einen sehr behutsamen Menschen und vermute, dass darin auch die Ursache dafür liegt, dass Sie mein unzureichendes Verständnis nicht angesprochen haben.

Ich vermute, dass es für Sie im Zusammenhang mit Ihrer Lebenserfahrung und Lebenssituation gute Gründe gibt, Ihre Loyalität sich selbst gegenüber zurückzustellen. Es wäre für mich wichtig, diese verstehen zu können. Ich bitte Sie, bis zu unserem nächsten Gespräch diese Gründe – so Sie sich die Zeit dafür nehmen können – schriftlich festzuhalten.

Dies würde mir eine bessere Orientierung ermöglichen.

Mit freundlichen Grüßen

Briefe können auf Risiken oder Vorteile eines Therapieabbruches verweisen und thematisieren, wie dieser herstellbar wäre oder vermieden werden könnte. Dies erweist sich insbesondere als nützlich, falls Klienten Therapie bereits mehrfach abgebrochen oder unterbrochen haben.

Briefe können im Kontext einer mehrdeutigen Haltung des Klienten zum therapeutischen Gespräch Fragen des Passens von Therapie, Fragen des richtigen oder falschen Zeitpunktes, Fragen hilfreicher oder behindernder Voraussetzungen sowie möglicher positiver oder negativer Effekte von Therapie zum Gegenstand haben.

Angesichts der oben angesprochenen häufigen sozialen Isolation von Klienten stellt der Therapeut eine wichtige und manchmal die einzige Quelle sozialer Bestätigung dar.

Veränderungsprozesse sind oft auch deswegen brüchig, weil Klienten über keine Zuhörer bzw. Zeugen verfügen, die ihre Schritte der Veränderung wahrnehmen und anerkennen – viele Klienten sind in ihrem Vorwärtsgehen auf sich selbst zurückverwiesen. Den Briefen des Therapeuten kann insbesondere bei längeren Abständen zwischen einzelnen Gesprächen eine wesentliche Funktion des Wahrgenommenwerdens und der Verbundenheit zukommen.

PERFORMATIVE INTENTION

Einer performativen Absicht entsprechen all jene Briefe, vermittels welcher Handlungsakte nicht nur repräsentiert, sondern zugleich auch vollzogen werden. Diese trifft etwa auf Briefe der Verabschiedung, der Entschuldigung und Versöhnung zu.

Anlässe des Schreibens

Das Schreiben von Briefen kann im Gespräch angekündigt oder unangekündigt sein. Es kann seitens des Klienten wie des Therapeuten Reaktion oder Nachhall auf eine nach dem Therapiegespräch auftauchende Frage sein oder dem Gespräch vorausgehen.

Therapeut wie Klient können nach einem therapeutischen Gespräch auf das Schreiben von Briefen zurückgreifen, um Fragen zu stellen, die erst nachträglich aufgetaucht sind. Der Therapeut kann Vorschläge nachzeichnen, die während des Gesprächs unbeachtet blieben. Briefe können dazu dienen, mitgegebene Handlungsempfehlungen einzuschränken, zu verstärken oder zu modifizieren – sie erlauben damit eine nachträgliche Korrektur bzw. Passung.

Ein anderer Ausgangspunkt ist die Wahrnehmung von im Gespräch Ausgelassenem, vor allem, wenn dies mit einer Sorge in Bezug auf den Klienten verknüpft ist – etwa wenn der Therapeut eine mögliche krisenhafte Eskalation, die Gefährdung einer Person oder einer zentralen Beziehung vermutet.

Suizidale Entwicklungen gehen häufig mit dem Abbrechen sozialer Brücken zu wichtigen anderen einher – zuweilen ist die Brücke des therapeutischen Kontaktes die letzte verbliebene.

Briefen kann eine wichtige sichernde Funktion zukommen, indem sie die gegenseitige Präsenz über den Gesprächskontakt hinaus gewährleisten.

Briefe in Therapie können auch gemeinsam – in einer Koautorenschaft von Klient und Therapeut – geschrieben oder während eines Therapiegesprächs bzw. danach von den Mitgliedern des Klientensystems verfasst werden.

Der Therapeut kann in einer Pause des Therapiegespräches bestimmte Ideen oder Anregungen in Form eines Briefes verschriftlichen und diesen in einer abschließenden Intervention dem Klienten mitgeben.

Das Schreiben von Briefen kann dem Erstgespräch vorausgehen – der Therapeut kann den Klienten ersuchen, spezifische Wahrnehmungen oder Beobachtungen rund um ein Problem dem Therapeuten vermittels eines vorausgehenden Briefes mitzuteilen. Dies ermöglicht eine klarere Eingrenzung des Themas und des therapeutischen Auftrags; es ist darüber hinaus eine Brücke therapeutischer

Kooperation, falls zwischen Anmeldung und erstem Gespräch ein längerer Abstand liegt.

Im Kontext des Therapieabschlusses bilden Briefe eine wichtige Möglichkeit der Sicherung alternativen Erzählens, der Kontextualisierung bzw. Generalisierung von Lösungen, der Reflexion des therapeutischen Dialoges und der Auflösung des therapeutischen Systems. Sie sind eine wichtige Möglichkeit der Würdigung und Anerkennung. Sie ermöglichen gegenseitiges Abschiednehmen oder führen dieses performativ aus.

Eine analoge Funktion kommt Briefen auch im Kontext von katamnestischen Gesprächen zu – sie erfüllen eine sichernde Funktion in Bezug auf Lösungen oder Veränderungen und liefern dem Therapeuten wichtige Hinweise hinsichtlich der Nachhaltigkeit seines Handelns sowie hinsichtlich therapeutischer Versäumnisse und Fehler. Briefe können auch als eigenständige Form von Katamnese fungieren.

MÖGLICHKEITEN DES BRIEFESCHREIBENS

Briefe in Therapie sind ein weites Feld. Welche Möglichkeiten des Schreibens die Mitglieder des therapeutischen Systems verwirklichen, ist von der Intention des Schreibenden und von Fragen persönlicher wie sozialer Passung abhängig.

Eine Möglichkeit bilden Ratgeberbriefe. Der Schreibende erteilt dem Adressaten einen Rat hinsichtlich einer bestimmten Frage – der Klient dem Therapeuten hinsichtlich einer mitgegebenen Frage, der Therapeut dem Klienten, der Klient sich selbst.

Beispiel eines Ratgeberbriefes ist der Brief einer Klientin an sich selbst, der in Bezug auf die Abwägung alternativer Zukünfte geschrieben wurde.

Die Klientin lebte in einer schwierigen Paarbeziehung; ihre Frage war die zwischen Bleiben und Gehen. Sie verfügte über kein eigenes Einkommen. Aufgrund ihres Alters wie auch ihrer schlechten beruflichen Ausbildung waren ihre Möglichkeiten der Autonomie innerhalb wie außerhalb der Ehe sehr beschränkt.

Die Klientin wurde von ihrem Mann seit langer Zeit betrogen; trotz des damit verbundenen Schmerzes und der für sie damit einhergehenden persönlichen Abwertung sah sie keine Möglichkeit, sich von ihm zu trennen, auch wenn sich ihre finanzielle Situation durch eine Scheidung und die damit verbundenen Unterhaltsansprüche kaum geändert hätte. Eine Einbeziehung des Mannes in den therapeutischen Dialog wurde von diesem ausgeschlossen.

Die Klientin stand vor einem schon mehrere Jahre währendem Dilemma hinsichtlich ihrer weiteren Lebensgestaltung. Ein Bleiben in der Beziehung war mit dem Wahren des guten Rufes als verheiratete Frau und zumindest einem Minimum an sozialen Beziehungen verknüpft, wenn auch um den Preis des Treuebruchs, der finanziellen Kontrolle durch ihren Mann und häufiger und verletzender Kontroversen.

Eine Scheidung bzw. Trennung war für sie mit Beschämung vor allem in Bezug auf ihre Verwandtschaft und mit dem Risiko der Vereinsamung verbunden. Zugleich war an sie die Hoffnung geknüpft, Frieden zu finden und ihr heimliches Trinken zu überwinden, das ihr bislang ein wichtiger Verbündeter, eine Möglichkeit der Betäubung von Schmerz und Scham gewesen war.

Im Kontext eines Therapiegespräches nahm die Klientin die Anregung auf, sich selbst einen zweiteiligen Brief aus der Zukunft zu schreiben: Der erste Teil hatte eine Beschreibung ihrer Lebenssituation und ihres Lebensweges zum Gegenstand, falls sie sich für Bleiben entschieden hätte; der zweite Teil informierte sie selbst über ihre Lebensgestaltung nach einer Trennung oder Scheidung.

Liebe M.,
Die Aufgabe, Dir zu schreiben, fällt mir sehr schwer. Leider kann ich Dir nicht viel Gutes berichten.

A. steckt immer noch mit ihr zusammen. Ich habe immer wieder versucht, mit ihm zu reden und auch mit ihr, aber es hat, wie schon vorher, nichts genutzt.

Leider trinke ich noch immer; A. hat es nicht gemerkt, weil ich nach wie vor gut aufpasse. Ich weiß ja, dass er es nur ausnutzen würde.

Er macht mir immer noch Vorwürfe, dass ich zu viel Geld ausgebe, was gar nicht stimmt. Und ihr macht er große Geschenke.

Ich weiß nicht, wohin das noch führen wird, aber wahrscheinlich wird alles beim Alten bleiben, und er wird sich nicht ändern.

Am besten wird es sein, wenn ich im Herbst wieder auf Kur fahren kann.
Deine M.

Liebe M.,
mir geht es einigermaßen. Es ist oft nicht leicht, so alleine zu leben. Ich weiß auch nicht, ob es gut war, nach der Scheidung in der Stadt wohnen zu bleiben. Vor allem tut es mir weh, wenn ich A. auf der Straße sehe. Er redet kein Wort mehr mit mir, und schaut mich nur finster an.

Eigentlich habe ich gehofft, wir könnten nach der Scheidung irgendwie friedlich auseinander gehen und wieder wie normale Menschen miteinander reden. Aber er ist verärgert, auch wegen dem Unterhalt, den er mir jetzt zahlen muss. Er erzählt das auch überall herum, sodass ich ein paar Leuten, die wir gekannt haben, als wir noch verheiratet waren, richtig aus dem Weg gehe.

Eigentlich wollte ich ja nach der Scheidung nach W. zu meinen Verwandten zurückziehen. Aber wie ich ihnen erzählt habe, dass ich mich scheiden lassen will, habe ich gleich gemerkt, dass ich daheim für sie immer nur die „Geschiedene" wäre. Das wollte ich dann doch nicht.

Gott sei Dank habe ich schnell eine kleine Wohnung gefunden. Die Einrichtung ist richtig gemütlich, obwohl ich mit recht wenig auskommen muss. Inzwischen fühle ich mich dort sehr wohl.

In der Zeit nach der Scheidung habe ich sogar noch mehr getrunken als in der Zeit, wo wir noch beisammen waren.

Inzwischen ist es aber besser geworden; ich gehe regelmäßig turnen und in den Englischkurs, obwohl ich mir dabei sehr schwer tue.

Im Großen und Ganzen ist es wohl die richtige Entscheidung gewesen. Ich glaube auch, dass es mit der Zeit noch besser wird. Ich habe mittlerweile eine Freundin gefunden. Das habe ich mir immer schon gewünscht.
Deine M.

Briefe, die in einer Analogie zum Schriftverkehr der Arbeits- und Berufswelt stehen, bilden einen metaphorischen Rahmen für veränderte Zugänge zu Problemen.

Der Klient kann ein „Kündigungsschreiben" verfassen, innerhalb dessen er dem Problem seinen Entschluss mitteilt, seine bisherige Zusammenarbeit mit ihm aufzukündigen oder es vor die Tür zu setzen.

Umgekehrt kann er ein „Anstellungsschreiben" für Lösungsressourcen verfassen.

Auf der Grundlage von Problemexternalisierungen kann der Klient in brieflichen Kontakt zu einem Problem treten. Er kann dieses über seine unterschiedlichen Erfahrungen informieren – etwa über Unterschiede zwischen einem Leben mit ihm und ohne es, er kann es in einer hilfreichen Funktion für sein Leben bestätigen oder ihm explorative Fragen stellen. Er kann seine Stimme einem Problem leihen, ihm damit Ausdrucksmöglichkeiten eröffnen und sich von ihm über soziale oder biographische Zusammenhänge informieren lassen.

Kontostandsfragen, „Verrechnungszustände" (Stierlin 1997, S. 136), Fragen offener Schulden bzw. eventueller Guthaben, Fragen der Gerechtigkeit bzw. Fairness spielen in Paarbeziehungen eine wichtige Rolle.

Der Therapeut kann eine Metapher des unausgeglichenen Kontos, der offenen Rechnungen oder Schulden aufgreifen oder selbst einführen, um spezifische Aspekte einer Paarbeziehung zu beschreiben oder zu problematisieren.

Erfahrungen der Ungleichheit innerhalb einer Beziehung tragen unter Umständen wesentlich zur Aufrechterhaltung schwieriger Paarbeziehungen bei – eventuell geleisteter Ausgleich seitens eines Partners für vergangene Schuld wird häufig vom jeweils anderen als unzureichend wahrgenommen oder als ungültig erklärt.

Eine Metaphorik des Bankbriefes bzw. der Kontonachrichten kann diesbezügliche Konstrukte therapeutisch nützen.

Ein nahe liegendes Mittel in diesem Zusammenhang bilden schriftliche Schuldscheine. Der Therapeut kann den oder die Klienten ersuchen, eigene oder fremde Schuld in Form von Schuldscheinen zu dokumentieren.

Dies erlaubt eine Differenzierung und Benennung von generell formulierter Schuld und ermöglicht weitere Unterscheidungen – welche Schuldscheine sind noch gültig, welche bereits eingelöst, welche möglicherweise bereits verjährt. Dies kann in ein Ritual der Tilgung münden.

So entschloss sich ein Paar, das in den Jahren der Ehe angewachsene, die Gegenwart überschattende Schuldenkonto, welches im Kontext der Therapie differenziert, benannt und in Form von Schuldscheinen verschriftlicht wurde, im Rahmen eines Rituals gemeinsam in seinem Garten zu verbrennen. Sie markierten dies als Beginn einer neuen gemeinsamen Beziehung.

Briefen kann eine wichtige vorbereitende, absichernde oder vermittelnde Funktion im Kontext einer Mitteilung belastender oder tabuisierter Erfahrungen zukommen. Das Schreiben eines Briefes nimmt etwa im Prozess eines homosexuellen Outings, in der Mitteilung eines sexuellen Traumas oder andere, mit Scham verknüpfter Erfahrungen (vgl. Penn 1994; Walker 1994) die ausgesprochene Veröffentlichung vorweg – es ermöglicht eine Vorbereitung auf die Mitteilung einem oder mehreren wichtigen sozialen anderen gegenüber unter einer Prämisse des Schutzes. Es minimiert so Risiken des Nichtgehörtwerdens und erneuter Traumatisierung.

Eine Analogie zu einem alltäglichen Gebrauch von Briefen ergibt sich aus der therapeutischen Nutzung von Leserbriefen.

Der Therapeut kann den Klienten anregen, eigene Handlungs- oder Erzähltraditionen rund um ein Problem-in-Sprache in einem Leserbrief an sich selbst (oder andere) zu kommentieren und dabei Alternativen zu entwickeln.

Briefe, die als Unabhängigkeitserklärung, Waffenstillstandserklärung, Kriegserklärung verfasst sind, stellen wichtige Dokumentationsschritte und performative Akte von Veränderung dar, durch die persönliche oder soziale Verbindlichkeit, Entschiedenheit und Ernsthaftigkeit erzeugt bzw. betont werden.

Probleme-in-Sprache gehen oft mit einer Aufsplittung familiärer Systeme einher – sie generieren eine Zunahme familiärer Konflikte und familiäre Lagerbildung.

Durch externalisierte Problembeschreibung, durch die Einführung von Kontextualisierung, vermittels des Mitbedenkens anderer sozialer Systeme reorganisieren sich familiäre Systeme rund um Problem-in-Sprache – bisherige „Gegner" können zusammenfinden, um gemeinsam eine Konfliktdynamik oder eine andere gemeinsam aufrechterhaltene interaktionelle Gewohnheit zu bekämpfen oder dieser Widerstand zu leisten.

In diesem Zusammenhang kann einer Solidaritätserklärung, einem von allen Beteiligten verfassten Aufruf zu gemeinsamem Widerstand und zu Kooperation, eine bestärkende Funktion zukommen.

In vielen Paarbeziehungen spielen Briefe zumindest während der Zeit des Kennenlernens eine wichtige Rolle. Ist der Alltag eingekehrt und sind grundlegende Fragen verhandelt, endet auch zumeist das Schreiben.

Der therapeutische Dialog kann auf diese vergessenen Möglichkeiten gegenseitiger Mitteilung, Beziehungssicherung oder Beziehungskorrektur durch die (Wieder-)Einführung von Liebesbriefen, von Aussöhnungs- oder Entschuldigungsbriefen zurückgreifen. Sie erlauben es, Ungesagtes zu versprachlichen, ohne einander zu unterbrechen. Sie können Ernsthaftigkeit oder Ernstgemeintheit dokumentieren. Sie minimieren das Risiko, dass persönlich Mitgeteiltes durch symmetrische Gewohnheiten zerstört wird und in Schweigen mündet (vgl. O'Hanlon Hudson a. Hudson O'Hanlon 1992).

Dies gilt auch in einem selbstbezüglichen Kontext: Sich selbst einen Liebes- oder einen Versöhnungsbrief zu schreiben stellt eine schwierige Herausforderung an Menschen dar, deren Selbst-Erzählungen an eine Matrix der Zurücknahme, der Selbstkritik oder Selbstentwertung gebunden sind.

Zuletzt sei auf die Möglichkeit von Abschiedsbriefen verwiesen. Abschiedsbriefe dokumentieren oder vollziehen als performative Sprechakte reale oder symbolisierte Abschiede innerhalb sozialer Systeme. Sie verwirklichen reale Abschiede von Personen ebenso wie Abschiede von spezifischen Rollen, Lebensentwürfen oder Lebensabschnitten.

Abschiedsbriefe können verzögerte Abschiede, ausgelassene oder nachträgliche Trauerprozesse fokussieren.

Sie können ein Medium der Auflösung des therapeutischen Systems sein. Sie erlauben es dem Klienten wie dem Therapeuten, ihre Kooperation zu überdenken, Gelungenes wie Offenes zu thematisieren, soziale wie persönliche Lernprozesse im Kontext ihres Gesprächs zusammenzufassen und die therapeutische Arbeitsteilung aufzulösen. Therapeut wie Klient heben ihre füreinander gegebenen funktionellen Rollen auf.

Bricht der Klient den therapeutischen Kontakt ab, ermöglicht ein Abschiedsbrief des Therapeuten an den Klienten, das therapeutische System auch von seiner Seite her in aktiver Weise aufzulösen.

Der Therapeut kann dem Klienten noch etwas mit auf den Weg geben. Er signalisiert unter Umständen auch, dass er für eine spätere Fortsetzung oder für einen Neubeginn des therapeutischen Dialoges offen ist.

PASSUNGEN

Briefe in Therapie leisten Unterschiedliches. Ihre Bedeutung ergibt sich aus ihrem Passen zur Selbstorganisation des Klienten, zur therapeutischen Kooperation und zu inhaltlichen Zielen.

Briefe bergen – wie jedes andere Medium therapeutischer Unterschiedsproduktion – auch das Risiko von Schaden. Sie können zu einer Festschreibung problemassoziierten Erzählens beitragen, zu einer Verletzung und Kränkung des Klienten. Schreiben kann eine mögliche Form therapeutischer Gewalt und Bemächtigung darstellen.

Viele Klienten sind erfreut, wenn sie einen Brief des Therapeuten erhalten; sie werten dies zumeist als Ausdruck des Ernstgenommenwerdens, als Zeichen dafür, dass sie über das Ende der Therapiestunde hinaus für den Therapeuten präsent bleiben, dass er an ihren Fragen, ihrer Suche und ihren Bemühungen in tiefer Weise interessiert ist.

Zuweilen wertet ein Klient jedoch das Erhalten eines Briefes als Überschreiten einer privaten Grenze. Fragen der Passung bilden so einen einschränkenden Rahmen für das Schreiben von Briefen.

Dies kann auch die Veröffentlichung von Briefen im therapeutischen Gespräch betreffen – es kann angemessen und im Sinn gemeinsamer Vereinbarung sein, dass der Klient dem Therapeuten gegenüber Geschriebenes veröffentlicht. Es kann aber auch passend sein, dass er es für sich behält, um seine Autonomie sicherzustellen oder ein eventuelles Geheimnis auch innerhalb des therapeutischen Systems zu wahren.

Dies gilt im Besonderen für Briefe des Klienten, die an einen wichtigen sozialen anderen adressiert sind. Eine Veröffentlichung ihres Inhaltes im Therapiegespräch kann die Intimität dieser Beziehung beeinträchtigen.

Das therapeutische System muss abwägen, ob und in welcher Weise eine Veröffentlichung von Briefen im therapeutischen Gespräch sinnvoll ist. Eine Veröffentlichung kann helfen, den Dialog fortzuführen, sie bietet dem Therapeuten eine besondere Möglichkeit, sich an den Such- oder Wandlungsprozess des Klienten anzuschließen und macht ihn als Zeugen von dokumentierten Entscheidungen und Veränderungen nutzbar. Sie kann aber zugleich den autonomen Raum des Klienten beschränken.

Für manche Klienten ist das Schreiben von Briefen eine schwierige und mühsame Aufgabe, vor allem, wenn die Handlung des Schreibens mit negativen oder selbstabwertenden Zuschreibungen und Erfahrungen verknüpft ist. „Schreiben" ist möglicherweise assoziiert mit Schulaufsätzen, schulischen Hausaufgaben und der Bedeutung von „Prüfung".

Dies birgt das Risiko, dass sich der Klient daran orientiert, den Therapeuten stilistisch und inhaltlich zufrieden zu stellen, „Richtiges" und „richtig" zu schreiben.

JENSEITS VON BRIEFEN

Schreiben und Lesen kann unter Umständen das mündliche Gespräch zur Gänze ersetzen. Literatur lässt sich im weitesten Sinn als eigenständige oder ergänzende Form von Therapie denken (vgl. Muschg 1981).

Freilich eignet Literatur zumeist nicht jene Passung zur individuellen Selbstorganisation des Klienten, seiner Lebenswelt und dem jeweiligen Problem-in-Sprache, die dem persönlichen Diskurs innewohnt.

Literarische Formen falten sich zunehmend als eigene Therapiezugänge aus. „Dramatherapie" (Jennings 1992), therapeutisch orientierte Schreibwerkstätten und „Bibliotherapie" bzw. „Poesietherapie" (Lerner 1983) bereichern die Möglichkeiten therapeutischen Handelns.

Dramatherapie beeindruckt durch die Utilisation von Schreiben im Zuge der Erarbeitung neuer Problemlösungstexte: Vermittels des Rollenspiels wird eine Brücke zwischen Sprache und Handeln gespannt. „Dramatherapie verfügt über das Potenzial, Menschen die behindernden Aspekte ihres Lebens sehen und erleben zu lassen und diese zu transformieren. Durch das Erschaffen einer Fiktion, durch das Hineintreten in fiktive Charaktere, lernen wir ... über Erfahrungen zu kommunizieren, die uns ansonsten verschlossen bleiben würden" (Jennings 1992, p. 13; Übers.: K. P. G.).

Dramatherapeutische Konzepte spannen eine Brücke zwischen einer Erzähl- und einer Theater-Metapher von Therapie: „Dialog ist von seinem Wesen her dramatisch; gleich dem Theater entfaltet er sich in Raum und Zeit ... er vermag uns in Reiche zu führen, in denen die Zeit zu verschwinden scheint" (MacCormack 1998, p. 160; Übers.: K. P. G.).

Schreib- bzw. Poesietherapie ist als therapeutischer Zugang überwiegend mit psychoanalytischen und gestalttherapeutischen Erzähltraditionen verknüpft.

Schreiben erweist sich hier vorrangig nicht als interventives Medium: Was schreibend erzählt wird, erhält seine Bedeutung in seiner Ausdrucksfunktion von Nichtbewusstem.[6] Es ist Gegenstand der (Text-)Analyse durch den Therapeuten, der das vom Klienten Geschriebene und seine daran anknüpfenden Assoziationen als Ausgangspunkt von Deutungsprozessen nützt.

Ein narratives Verständnis geht davon aus, dass dem Schreiben nicht abbildende, sondern erschaffende Funktion zukommt. Es verwirklicht anderes Erzählen.

Neben Briefen lassen sich auch andere Formen der Verschriftlichung wählen.

Der Therapeut kann den Klienten anregen, ein Flugblatt oder eine Protestschrift anzufertigen, um seinen Widerstand gegen ein Problem, eine einschränkende Überzeugung oder lebensbehindernde Handlungstraditionen auszudrücken.

Er kann Klienten einladen, repräsentative Sequenzen ihrer Kommunikation in Form eines dramatisierten Dialoges niederzuschreiben. Dadurch können Reflexionen über kommunikative Gewohnheiten gefördert und Klienten zu mehr kritischer Distanz in Bezug auf eigenes Handeln ermutigt werden.

Der Therapeut kann dem Klienten empfehlen, Regieanweisungen für eigenes Verhalten in problematischen Situationen zu verschriftlichen, um alternatives Handeln anzuleiten.

Im Kontext des Missbrauchs von Suchtmitteln kann der Therapeut das Trinken oder den Drogenkonsum eines Klienten einer Selbstmedikation gleichsetzen. Er kann zu einer Reflexion oder Problematisierung seines Handelns beitragen, indem er ihn darum bittet, seine Selbstmedikation vermittels eines Beipackzettels hinsichtlich der Beschaffenheit der jeweilgen Substanz, ihrer Ein-

---

6 Poesietherapeutische Grundlagenüberlegungen gehen davon aus, dass sich der Schreibende „im Zustand momentaner Regression den Primärvorgang zunutze macht" (Leitner, zit. nach Marschik 1993, S. 105). „Indem das Denken auf eine emotionalere Stufe sinkt, können Abwehrmechanismen durch verminderte Zensur bei gleichzeitig erhöhter symbolischer Ausdrucksfähigkeit durchbrochen werden" (Marschik 1993, S. 105).

nahme, ihrer Indikation und Kontraindikation, ihrer Wirkungen wie Nebenwirkungen, ihres Nutzens wie Schadens ausführlich zu beschreiben. Dies kann auf alternative Handlungs- und Bewältigungsstrategien für bislang medikamentös beantwortete Fragen verweisen und eine Komposition und Verschriftlichung alternativer Medikation ermöglichen.

Gebrauchs- oder Herstellungsanweisungen für Probleme erweisen sich insbesondere dort als hilfreich, wo das Zustandekommen oder Auftreten von Problemen als zufällig oder als nicht eigener Kontrolle unterliegend gedacht wird. Sie können Eigenbeiträge des Klienten zur Problemherstellung bzw. kontextuelle Einbettungen von Problemen reflexiv zugänglich machen.

In der Absicht, einen alternativen Erzählstandort in Bezug auf den eigenen Lebensentwurf oder spezifische Lebensausschnitte anzuregen, kann der Therapeut dem Klienten vorschlagen, seine Lebensgeschichte in Form einer wertschätzenden, liebevollen, wohlwollenden oder kritischen Buchbesprechung oder Filmkritik zu verschriftlichen.

Dies kann in die gemeinsame Suche danach münden, welche Kapitel oder Teile der Klient umschreiben, neu gestalten oder vervollständigen will.

Damit ergibt sich eine Analogie zur Metapher von Therapie als *reauthoring* – das Therapiesystem verwirklicht sich in dem Bemühen, dem Klienten die Autorenschaft für sein eigenes Leben (wieder) zu geben.

Eine andere Nutzbarmachung narrativer Medien findet sich im Gebrauch von Urkunden insbesondere im Kontext therapeutischer Arbeit mit Kindern und Jugendlichen (vgl. White u. Epston 1993). Der Therapeut oder die erwachsenen Mitglieder des therapeutischen Systems stellen eine Urkunde aus, die im Rahmen eines Rituals überreicht wird. Urkunden dokumentieren spezifische Problemlösungsfähigkeiten eines Kindes oder Jugendlichen, sie verwirklichen soziale Betätigung und sichern Veränderungsprozesse oder biographische Übergänge.

Selbstanklagen und Vorwürfe bilden ein häufiges Thema therapeutischer Gespräche. Der Therapeut kann eine Analogie zu juristischen Prozessen und Vorgängen nutzen, indem er den Klienten bittet, eine detaillierte Anklageschrift zu verfassen, innerhalb welcher er einzelne Vorwürfe an sich selbst dokumentiert und mit Argumenten untermauert.

Dies ermöglicht eine Differenzierung global formulierter Anklagen und ein gemeinsames Nachdenken darüber, was unentschuldbare und entschuldbare, was zutreffende oder nicht zutreffende Schuld ausmacht.

Das therapeutische System kann in der Folge die „Verteidigung" des Klienten fokussieren – an die „Anklageschrift" lässt sich eine „Verteidigungsschrift" anknüpfen. In ihr übt der Klient ein, für sich selbst Stellung zu beziehen, sich selbst in Schutz zu nehmen. Sie kann so Ausgangspunkt einer alternativen Selbst-Erzählung sein.

Diese Analogie gilt nicht nur für den Selbstbezug des Klienten, sie ist auf die Beziehung zu Partnern, Eltern, Kindern und wichtigen anderen übertragbar.

In vielen Paarbeziehungen dominieren Diskurse über Fragen des „Rechtes". Therapeuten werden in diesem Zusammenhang häufig explizit oder implizit als „Richter", außen stehender Vermittler oder objektiver „Gutachter" bzw. „Sachverständiger" gedacht.[7]

Greift der Therapeut diese Konnotation auf, so erschließt sich eine Vielzahl interventiver Möglichkeiten – er kann die Klienten ersuchen, Spielregeln seiner richterlichen Rolle festzulegen. Er kann eine verengte und symmetrische Perspektive erweitern, indem er die jeweiligen Partner bittet, eine Verteidigungsschrift füreinander zu entwickeln, die auf die Verletzungen und Kränkungen, die offenen Bedürfnisse und Wünsche des jeweils anderen eingeht.

Zu weiteren Formen von Schreiben in Therapie zählen schriftlich verfasste Beobachtungen, Skalierungen, Prognosen und lösungsbezogene Fragebogen. Sie können an bestimmte Rituale gebunden oder mit spezifischen *ordeals* verknüpft sein.[8]

Die therapeutische Funktion literarischer Texte und Tagebücher erschließt sich nur partiell aus ihrer expressiven Qualität.

Literarische Texte, Gedichte und Tagebücher sind hilfreich, insofern sie alternative Stimmen zum dominanten Diskurs bereitstellen. Dies ist in der Regel dann der Fall, wenn das Schreiben einer

---

7   Mediatoren oder Richter können daher in vielen Fällen eine passendere Adresse als Therapeuten sein.
8   Beispiele finden sich in der Arbeit de Shazers (1985) wie auch bei Skelton u. Ackerman (1978).

unterschiedsorientierten Leitlinie oder Themenstellung folgt – etwa als „Tagebuch des Gelingens" oder „Tagebuch der kleinen Lösungen".

MITSCHREIBEN

Das Mitschreiben von Klientenaussagen während des therapeutischen Dialogs dient in der Regel einer hervorhebenden Absicht.

Der Therapeut kann etwa Aussagen des Klienten über Ausnahmen vom Problem, Ziele, Ressourcen, Lösungsideen verschriftlichen – möglicherweise bittet er den Klienten, kurz innezuhalten, um eine besonders bedeutsame Mitteilung zu notieren und ihr dadurch zusätzliches Gewicht zu verleihen. Mitschreiben erhält so die Funktion der Unterstreichung und wird zum Ausgangspunkt weiteren Erkundens.

Mitschreiben ermöglicht es dem Therapeuten, zu einem späteren Zeitpunkt wörtlich auf Gesagtes zurückzugreifen, es in einen abschließenden Kommentar einfließen zu lassen und für die Komposition einer Handlungsempfehlung oder Aufgabe nutzbar zu machen.

Im Schreiben wendet sich der Therapeut vom Klienten zumindest partiell ab – er geht in sich, sammelt sich, verlässt für einen Augenblick oder länger das gemeinsame therapeutische System.

Mitschreiben kann auch anderes bewirken – manchmal legt es eine Versachlichung des therapeutischen Gesprächs nahe, erzeugt die Bedeutung von „Befragung", „Klassifizierung" oder „Begutachtung". Es kann die Mitteilung von Berührendem erschweren. Es kann übermäßige Distanz erzeugen und den Eindruck fehlender Anteilnahme und des Nichthörens vermitteln.

Ähnliche Bedeutung kann einem Mitschreiben seitens des Klienten zukommen. Es kann vom Klienten selbst unter dem Hinweis auf eine spezifische dokumentierende oder erinnernde Funktion eingeführt werden – etwa, um Anhaltspunkt für seine an das Therapiegespräch anschließenden Reflexionen zu schaffen; es kann auch auf eine diesbezügliche Anregung des Therapeuten zurückgehen.

Mitschreiben ist Teil der Regulation von Nähe und Abstand innerhalb des therapeutischen Systems. Es bedarf der ständigen Prüfung seiner Angemessenheit, vor allem aber der Transparenz seiner Absicht und Funktion.

Wer schreibt, übt Handeln ein. Er entwirft Optionen in seinem Erzählen, überarbeitet sie, korrigiert sie, erkundet sie in einer Annäherung des „So tun, als ob". Er schafft eine Brücke zwischen dem Reich der Sprache und dem des Handelns. Er erzählt nicht nur und handelt noch nicht im eigentlichen Sinn – er handelt auf Probe.

10. Das Nutzbarmachen des Fiktiven – Therapie als Literatur

„Äthiopische Löwen haben braune Mähnen, aber sie sind genau wie andere Löwen – sie gehorchen nicht, wenn man sie nicht bei ihrem richtigen Namen ruft."
(Irving 1995, S. 52)

„Realismus ist nur eine mögliche Regel über Realität; es gibt auch andere" (S. R. Rushdie, pers. Mitteilung).[1]

Fiktivität – die hier als Kehrseite von Realismus, als ihr Gegenüber und zugleich als ihre Ergänzung gedacht wird – ist eine andere mögliche Regel über Realität: Sie entspräche dem Musilschen „Möglichkeitssinn" im Gegensatz zum „Wirklichkeitssinn".

Fiktives bezeichnet im Gegensatz zu Realem oder so genanntem Realistischen das Erfundene (im Gegensatz zum Erfahrenen), aber auch das Noch-nicht-Eingetretene (im Gegensatz zum bereits Vorhandenen), das Noch-Denkbare (im Gegensatz zu dem als faktisch gegeben Gedachten). Es bezeichnet einen Inhalt – eine alternative, vom Konsens abweichende Konstruktion von Wirklichkeit – und/oder einen Prozess der Wirklichkeitskonstruktion, der mit einem alternativen Beschreibungsstandort, einer Nichtwahrung von konsensueller Logik oder Erzählkohärenz einhergeht bzw. in alternativen Quellen – nicht denen der so genannten Erfahrung, sondern denen der Vorstellung – gründet.

---

1 Welche Implikation diese Annahme hat, wird deutlich, wenn wir uns vergegenwärtigen, welche Bedrohung die Aufweichung von Eindeutigkeit für den Autor, aber auch für andere zeitigt: Ein Jahr zuvor war seitens des iranischen Revolutionsführers in Reaktion auf den Roman *Die Satanischen Verse* ein „Fatwa" erstellt worden, das das Todesurteil für den Autor bedeutete.

Narrative Therapie ist in einem hohen Maß mit Fiktivität assoziiert. Sie nutzt Fiktivität in der Zeit, indem sie mit allen möglichen „Was wäre wenn"-Gegenwarten, -Zukünften und -Vergangenheiten operiert: „Wenn das Problem gelöst wäre, woran würden Sie es merken?"; „Wenn die Stimme der Selbstachtung jetzt im Augenblick stärker wäre als die der Selbstentwertung, wer würde es als Erster wahrnehmen?"

Sie nutzt Fiktivität im Raum, indem sie unterschiedlichste Erzählstandorte – assoziierte wie dissoziierte – in Relation zu beschriebenen Ereignissen, Gegebenheiten, zur Person des Klienten und anderem einführt: „Angenommen, Sie könnten sich während dieses Streits mit Ihrer Frau aus etwa fünf Metern Entfernung betrachten, was würde Ihnen an Ihrem eigenen Verhalten deutlich werden?"

Sie nutzt Fiktivität in der Konstruktion von Identität in Bezug auf die Person bzw. das Selbst des Klienten oder das Klientensystem, das therapeutische System und/oder wichtige soziale andere einschließlich des Therapeuten – mithilfe der Metapher der Persönlichkeitsteile, von Internalisierung und Externalisierung, des Konzepts der mehrfachen Stimmen: „Angenommen, Sie könnten dieser Erfahrung der Sinnlosigkeit einen Platz auf dem Stuhl neben sich zuweisen und ihr eine Stimme verleihen – was genau würde sie sagen?"

Sie nutzt Fiktivität, indem sie Ereignisse, Gegebenheiten, faktisch als vorhanden Gedachtes metaphorisch umschreibt bzw. sprachlich transformiert, neuartige Bedeutungen zuweist, bisher Nichtvorhandenes hinzufügt oder bisher Vorhandenes weglässt: „Sie handeln wie ein Ritter, der von Turnier zu Turnier eilt, von Schlacht zu Schlacht, der sich nicht die Zeit nimmt, sein Schild und sein Schwert auch nur für einen kurzen Augenblick zur Seite zu stellen."

Die genannten Beispiele veranschaulichen, dass die Syntax des Fiktiven ein Sprachspiel des Konjunktivs ist, die Syntax des Realismus hingegen eines des Indikativs.

Tiefung und Levitation

Fiktivität ist nicht die einzige Regel, die im narrativen therapeutischen Sprachspiel zum Tragen kommt – sie ist eine mögliche Regel neben der des realistischen Sprachspiels. Die Übergänge zwischen diesen beiden Sprachspielen sind zumeist diskret gestaltet.

Das realistische Sprachspiel erlaubt den Anschluss an den Klienten, es ermöglicht ihm Gehörtwerden und Verstehen; das fiktive Sprachspiel ist in der Regel das, welches mit Veränderung einhergeht.

Narrative Therapie gründet in einer ungewöhnlichen Problemlösungsstruktur. Ein realistisches bzw. strukturalistisches Problemlösungsmodell verwirklicht sich in Operationen der Tiefung. „Tiefung" meint, dass wir in der Therapie auf eine Beschreibung der Not bzw. des Problems des Klienten mit Operationen des Verstehens, der kontextuellen Einbindung, der ursächlichen, funktionalen oder motivationalen Analyse antworten. Diese Prozesse bedingen Einsicht beim Klienten und ermöglichen so die Aktualisierung alternativen Handelns und Interagierens – sei es, dass wir der Einsicht an sich problemauflösende Bedeutung zuschreiben, sei es, dass sie als Anknüpfungspunkt für die Einübung von problemauflösendem Handeln gedacht wird oder dass eine Motiv- bzw. Funktionskenntnis alternative ökologische Lösungen zu erzeugen vermag.

Ein an Fiktivität orientiertes, nichtstrukturalistisches Problemlösungsmodell operiert dementgegen mit Levitation – es leistet den Übergang vom Problem zur Lösung, indem es diskursiv und handelnd um Fiktives kreist und zugleich hervorbringt.[2] Zentrales Medium der Intervention sind hierbei nicht Akte des Verstehens, sondern Akte des Nichtverstehens oder des „produktiven Missverstehens".

„Levitation" bezeichnet ein Über-das-Gegebene-Hinausgehen: im „So tun, als ob", im „Was wäre, wenn", im Gründen in einer anderen Annahme, die der bisherigen Konstruktion von Wirklichkeit zuwiderläuft.

EINE REALISTISCHE ERZÄHLMATRIX

Psychotherapie und Literatur weisen eine Seelenverwandtschaft auf: Beide kreisen weitgehend um den gleichen Gegenstand – um ein soziales/personales Problem, um Leben und Lieben unter wid-

---

2 Vgl. die „Wunderfrage" bei de Shazer (1989, 1992).

rigen Umständen, um Not, um Konflikt und um dessen mögliche (oder unmögliche) Auflösung.

In Literatur wie in Therapie spannt sich der Bogen des Erzählens zwischen Geschichten des Scheiterns, Geschichten des Überlebens und Geschichten des Gelingens oder der Lösung. Beide operieren mit spezifischen dramatischen Spannungsbögen, mit (plötzlichen) Fokusverschiebungen, mit der Transformation von Erzählperspektiven und anderem mehr.

Der realistische Roman birgt spezifische Merkmale, die seine Qualität und Besonderheit ausmachen. Er verfügt über einen chronologischen Aufbau, stellt eine sozialkontextuelle und motivationale psychologische Analyse der Handlungsträger und ihrer gesellschaftlichen Lebenswelten bereit, er skizziert ihre Konflikte und Dilemmata, ihre reflexiven Suchbewegungen, ihre Überwindung oder Handhabung von Barrieren und Widerständen. Er schildert in prozessualer Weise Einsichts- und Erkenntnisvorgänge und deren Umsetzung in problemauflösendes Handeln: Schuld wird getilgt, aufgeweicht, auf sich genommen und gesühnt, Leben erneuert, ästhetisiert oder biographisch vervollständigt, Lösung im Wesentlichen als Erlösung verwirklicht.

Die Romane *Oliver Twist*, *Schuld und Sühne*, *Krieg und Frieden*, *Die Elenden* können paradigmatisch für den realistischen Roman und sein strukturalistisches Problemlösungsverständnis stehen.

All die genannten Momente zeichnen auch die frühe Psychotherapie und Teile gegenwärtiger Psychotherapie aus – die realistische therapieprozessuale Abfolge von „Erinnern – Wiederholen – Durcharbeiten – Integrieren" (Marschik 1993, S. 46)[3] gleicht der Motivfolge im realistischen Roman, sodass sie von einer gemeinsamen kulturellen Matrix getragen scheinen.

EINE POSTMODERNE ERZÄHLMATRIX

Der realistischen Matrix und der damit assoziierten Problemlösungsstruktur wird im Folgenden ein Ausschnitt postmoderner Li-

---

3 Marschik verweist in diesem Zusammenhang auch auf eine Analogie zum literarischen Schaffensprozess, den er als Abfolge von „Inspiration – Incubation Illumination – Verifikation" konnotiert.

teratur gegenübergestellt; er entstammt dem Roman *Witwe für ein Jahr* von John Irving.

Die Schriftstellerin Ruth recherchiert im Rotlichtviertel Amsterdams für ihren neuen Roman. Sie schließt Bekanntschaft mit der Prostituierten Rooie, die es ihr ermöglicht, unbemerkt den Besuch eines Kunden zu beobachten.

Was als Recherche beginnt, mündet in die hilflose Zeugenschaft angesichts des Mordes an der Prostituierten. Ruth, versteckt hinter einem Vorhang, hat weder die Möglichkeit einzugreifen, noch zu fliehen. Sie ist selbst in Gefahr, vom Mörder, der aufgrund seiner äußerlichen Erscheinung als Maulwurfmann betitelt wird, entdeckt zu werden. Hier der Ausschnitt (Irving 1999, S. 526–532):

> Der Maulwurfmann richtete sich langsam auf und ließ seinen Blick prüfend über sämtliche Spiegel in dem roten Zimmer gleiten. Ruth wußte sehr genau, was der Mörder gehört zu haben glaubte: Er hatte das Geräusch von jemandem gehört, der versucht, kein Geräusch zu machen – genau das hatte er gehört. Und deshalb hielt er die Luft an, hörte zu keuchen auf und sah sich um. Dabei zuckte seine Nase, so daß es Ruth vorkam, als wollte er nach ihr schnüffeln.
>
> Um sich zu beruhigen, wandte sie den Blick von ihm ab und richtete ihn auf den Spiegel gegenüber dem Schrank. Sie versuchte sich in dem schmalen Spalt des geteilten Vorhangs zu sehen; unter den Schuhen, deren Spitzen unter dem Vorhangsaum hervorlugten, machte sie ihre eigenen Schuhe ausfindig. Nach einer Weile konnte sie den Saum ihrer schwarzen Jeans ausmachen. Wenn sie sehr genau hinsah, konnte sie sogar ihre Füße erkennen. Und ihre Knöchel …
>
> Plötzlich begann der Mörder zu husten – er gab schauerlich krächzende Sauggeräusche von sich, die seinen ganzen Körper erschütterten. Bis er endlich zu husten aufhörte, hatte Ruth ihre eigene Atmung wieder unter Kontrolle.
>
> Das Geheimnis absoluter Bewegungslosigkeit ist absolute Konzentration […] Dafür konzentrierte sie sich auf *Ein Geräusch, wie wenn einer versucht, kein Geräusch zu machen*. Von den Geschichten ihres Vaters, die sie samt und sonders auswendig kannte, kannte sie diese am besten. Darin kam auch ein Maulwurfmann vor.
>
> „Stell dir einen Maulwurf vor, doppelt so groß wie ein Kind, aber halb so groß wie die meisten Erwachsenen. Dieser Maulwurf ging aufrecht, wie ein Mensch, und deshalb nannte man

ihn den Maulwurfmann. Er trug eine ausgebeulte Hose, die seinen Schwanz verbarg, und alte Tennisschuhe, die es ihm erlaubten, sich schnell und leise fortzubewegen."

Die erste Illustration zeigt Ruth und ihren Vater, wie sie gerade zur Tür des Hauses [...] hereinkommen; sie halten sich bei der Hand, als sie über die Schwelle in die sonnenüberflutete Diele treten. Auf den Gardarobenständer in der Ecke achten sie überhaupt nicht. Dahinter steht, zum Teil verdeckt, der große Maulwurf.

„Die Hauptbeschäftigung des Maulwurfmannes bestand darin, kleine Mädchen zu jagen. Am liebsten fing er sie ein und nahm sie mit unter die Erde, wo er sie dann ein oder zwei Wochen lang festhielt. Den kleinen Mädchen gefiel es gar nicht unter der Erde. Wenn der Maulwurfmann sie endlich gehen ließ, hatten sie Schmutz in den Ohren und Schmutz in den Augen und mußten sich zehn Tage lang jeden Tag die Haare waschen, bis sie nicht mehr wie Erdwürmer rochen."

Auf der zweiten Illustration sieht man im Vordergrund den Maulwurfmann, der sich unter einer Stehlampe im Eßzimmer versteckt, während Ruth und ihr Vater zu Abend essen. Er hat einen gebogenen Kopf, der spitz zuläuft wie ein Spaten, und keine Ohrmuscheln. Die fünf breiten, mit Krallen versehenen Zehen lassen seine Vorderfüße aussehen wie Paddel. Seine Nase ist, wie die Nase des Sternnasenmaulwurfs, von zweiundzwanzig hautfarbenen, tentakelartigen Fortsätzen umgeben [...]

„Der Maulwurfmann war blind, und seine Ohren waren so klein, daß sie in seinem Kopf Platz hatten. Er konnte die kleinen Mädchen nicht sehen, und hören konnte er sie auch nicht. Aber er konnte sie mit seiner sternförmigen Nase riechen, und besonders deutlich konnte er sie riechen, wenn sie alleine waren. Sein Fell war wie Samt und ließ sich ohne Widerstand in alle Richtungen streicheln. Wenn ein kleines Mädchen zu dicht neben ihm stand, konnte es der Versuchung nicht widerstehen, dieses Fell zu streicheln. Und dann wußte der Maulwurfmann natürlich, daß es da war.

Als Ruthie und ihr Vater mit dem Essen fertig waren, sagte der Vater: ‚Wir haben kein Eis mehr zum Nachtisch. Ich gehe in den Laden und hole welches, wenn du inzwischen den Tisch abräumst.'

‚Einverstanden, Daddy', sagte Ruthie.

Doch das bedeutete, daß sie mit dem Maulwurfmann allein sein würde. Ruthie merkte erst, daß der Maulwurfmann im Eßzimmer war, nachdem ihr Vater das Haus verlassen hatte!"

Auf der dritten Illustration sieht man Ruth Teller und Besteck in die Küche hinaustragen. Sie hat ein wachsames Auge auf den Maulwurfmann, der unter der Stehlampe hervorgekommen ist und seine sternförmige Schnauze vorstreckt, um nach ihr zu schnüffeln.

„Ruthie achtete sorgfältig darauf, kein Messer und keine Gabel fallen zu lassen, denn ein so lautes Geräusch kann selbst ein Maulwurf hören. Und auch wenn sie ihn sehen konnte, wußte sie immerhin, daß er sie nicht sehen konnte. Als erstes ging Ruthie zum Abfalleimer; sie schmierte sich Eierschalen und Kaffeesatz in die Haare, um nicht wie ein kleines Mädchen zu riechen, aber der Maulwurfmann hörte die Eierschalen knacken. Außerdem mochte er den Geruch von Kaffeesatz. Da riecht es nach Erdwürmern! dachte der Maulwurfmann und schnüffelte sich näher an Ruthie heran."

Auf der vierten Illustration läuft Ruth so schnell die mit Teppich ausgelegte Treppe hinauf, daß ihr der Kaffeesatz und die Eierschalen aus den Haaren fallen. Am Ende der Treppe, die sternförmige Schnauze nach oben gewandt, steht der Maulwurfmann und sieht ihr aus blinden Augen nach. Einer seiner alten Tennisschuhe hat sich bereits auf die erste Stufe vorgetastet.

„Ruthie lief nach oben. Sie mußte den Kaffeesatz und die Eierschalen loswerden. Sie mußte versuchen, so zu riechen wie ihr Daddy! Und deshalb holte sie seine ungewaschenen Sachen aus dem Wäschekorb, zog sie an und schmierte sich Rasiercreme ins Haar. Sie rieb sich sogar mit seinen Schuhsohlen übers Gesicht, merkte aber bald, daß das keine gute Idee war. Maulwürfe mögen nämlich Schmutz. Sie kratzte den Schmutz wieder ab und schmierte sich noch mehr Rasiercreme ins Gesicht, aber sie mußte sich beeilen, den mit dem Maulwurfmann oben im ersten Stock festzusitzen war erst recht keine gute Idee. Und deshalb versuchte sie, auf der Treppe an ihm vorbeizuschlüpfen."

Auf der fünften Illustration treffen sich die beiden auf dem Treppenabsatz in der Mitte der Treppe; der Maulwurfmann ist halb oben, Ruth, in den schmutzigen Sachen ihres Vater und voller Rasiercreme, ist halb unten. Sie sind dicht genug beisammen, um sich berühren zu können.

„Der Maulwurfmann roch einen irgendwie erwachsenen Geruch, vor dem er zurückwich. Aber Ruthie hatte etwas von der Rasiercreme in die Nase bekommen und mußte niesen. Selbst ein Maulwurf kann hören, wenn jemand niest. Ruth versuchte das Niesen dreimal zu unterdrücken, was wirklich kein Vergnügen ist; man bekommt ein so scheußliches Gefühl in den Ohren. Und jedesmal gab sie ein leises Geräusch von sich, das der Maulwurfmann ganz schwach hören konnte. Er legte den Kopf schief und drehte ihn in ihre Richtung.

Was war das für ein Geräusch? dachte er. Er hätte sich so gewünscht, außen am Kopf Ohren zu haben! Es war ein Geräusch, wie wenn jemand versucht, kein Geräusch zu machen. Er horchte weiter. Und er schnüffelte weiter, so daß Ruthie sich nicht zu bewegen wagte. Sie stand da und gab sich Mühe, nicht zu niesen. Sie mußte sich auch große Mühe geben, den Maulwurfmann nicht zu berühren, denn sein Fell glänzte so samtig!

Was ist das bloß für ein Geruch? überlegte der Maulwurfmann. Jungejunge, da braucht aber jemand dringend was Frisches zum Anziehen! Dieser Jemand hatte sich offenbar dreimal am Tag rasiert. Und er war mit einer Schuhsohle in Berührung gekommen. Außerdem hatte er ein Ei zerbrochen und den Kaffee verschüttet. Dieser Jemand muß ja ein schönes Schwein sein! dachte der Maulwurfmann. Aber irgendwo, inmitten all dieser Gerüche, war ein kleines Mädchen, das allein roch [...]

Sein Fell sieht so weich aus, ich glaube, ich werde gleich ohnmächtig – oder ich muß niesen, dachte Ruthie."

Auf der sechsten Illustration, die Ruth und den Maulwurfmann auf dem Treppenabsatz zeigt, streckt er seine paddelförmige Grabhand nach ihr aus, jeden Moment wird seine lange Kralle ihr Gesicht berühren. Ihre kleine Hand ist ebenfalls ausgestreckt und wird gleich das samtige Fell auf der Brust des Maulwurfmanns streicheln.

„'Ich bin es, ich bin wieder da!' rief Ruthies Vater. ‚Ich hab zwei Sorten Eis mitgebracht!'

Ruthie nieste. Ein Teil der Rasiercreme spritzte auf den Maulwurfmann. Er konnte Rasiercreme nicht ausstehen. Und es ist gar nicht so einfach, zu laufen, wenn man blind ist. Der Maulwurfmann rumpelte gegen den Pfosten am Ende der Treppe. Er versuchte, sich wieder hinter dem Kleiderständer in der Diele zu verstecken, aber Ruthies Vater packte ihn an seinem schlotternden Hosenboden [...] und warf ihn zur Haustür hinaus.

Dann wurde Ruthie richtig verwöhnt [...]"

Auf der siebten Illustration [...] liegt Ruth warm eingepackt in ihrem Bett. Ihr Vater hat die Tür zum Elternschlafzimmer offengelassen, so daß das Nachtlicht zu sehen ist. Durch den Spalt im Vorhang sieht man den dunklen Himmel und in der Ferne den Mond. Und draußen auf dem Fenstersims hat sich der Maulwurf zusammengerollt und schläft so behaglich, als läge er unter der Erde. Seine paddelförmigen Grabhände mit den breiten Krallen verdecken sein Gesicht bis auf den rosafarbenen Stern an seiner Nase; und mindestens elf seiner zweiundzwanzig Tentakel hat er an Ruths Fensterscheibe gedrückt. [...]

[Ihr Vater] hatte die Geschichte im Sommer 1958 geschrieben und immer wieder umgeschrieben, aber die Illustrationen waren später hinzugekommen. Alle Verleger – und auch seine Übersetzer – hatten [ihn] angefleht, den Titel zu ändern. Sie fanden natürlich, das Buch müsse *Der Maulwurfmann* heißen, aber [er] hatte auf dem Titel *Ein Geräusch, wie wenn einer versucht, kein Geräusch zu machen* beharrt, weil seine Tochter ihn auf die Idee gebracht hatte.

Und nun, in dem kleinen roten Zimmer, in Anwesenheit von Rooies Mörder, versuchte Ruth sich dadurch zu beruhigen, daß sie an das tapfere kleine Mädchen namens Ruthie dachte, das einst mit einem Maulwurf, der fast doppelt so groß wie sie war, auf dem Treppenabsatz gestanden hatte. Endlich wagte Ruth, die Augen zu bewegen, nur die Augen [...] Zum Glück hatte der Mörder seine Inspektion des Zimmers beendet.[3]

Was und wie hier erzählt wird, ist eine Erzählung des Überlebens. Durch die Geschichte in der Geschichte (in der Geschichte) aktualisiert die Heldin eine Handlung, die es ihr ermöglicht, am Leben zu bleiben. Diese Geschichte in der Geschichte verwirklicht weder Reflexion über mögliche Motive oder Funktionen des Ereignisses, noch bettet sie diese kontextuell ein. Sie birgt kein normatives Moment, keinen heroischen Impuls, keine Läuterung; aber sie verweist darauf, dass das Leben – zumindest für die Heldin – weitergehen kann.

Die Problemlösung der Heldin, ihre Traumabewältigung, ihr Überleben gründet in der Nutzbarmachung von Fiktivität. Der postmoderne Erzähler stellt eine „imaginative Landkarte" (S. R. Rushdie, pers. Mitteilung 1995) zur Verfügung, die gerade nicht auf die Vertiefung der Realität, sondern auf ihre Aufhebung abzielt.

Die postmoderne Erzählmatrix verfügt über eine Vielzahl von Zugängen zu ebenjener Fiktivität.

Sie lässt – wie im obigen Beispiel – die Grenze zwischen Realität und Fiktivem nach und nach oder auch jäh verschwimmen.[4]

An die Stelle einer chronologischen bzw. diachron geordneten Erzählweise tritt eine fragmentarisch wirkende, weitgehend synchron organisierte Beschreibungsform – der Fluss der Zeit erweist

---

3   aus: John Irving, Witwe für ein Jahr. Aus dem Amerikanischen von Irene Rumler; Copyright © 1999 by Diogenes Verlag AG Zürich.
4   Ein beredtes Beispiel hierfür ist die erste Sequenz der *Satanischen Verse* (Rushdie 1989).

sich als Vielzahl gleichzeitiger Flüsse; Zukunft und Gegenwart können ebenso in Vergangenheit münden wie umgekehrt.[5]

Die Kohärenz des Erzählens ist über weite Strecken aufgehoben – das zu Erwartende ist nicht selbstverständlicher als das Unerwartete; die Vorhersagbarkeit – die zumindest für den heutigen Leser dem realistischen Roman über weite Strecken zukommt – ist minimiert. Damit geht zugleich eine Wiedereinführung des Zufalls – zusätzlich zu Schicksalhaftem – einher.[6]

Die postmoderne Erzählmatrix operiert weitgehend mit Uneindeutigkeit und Ambivalenz. Waren bzw. sind im realistischen Roman die Handlungsträger scharf und eindeutig konturiert – hier der positive Held, dort der negative Antagonist –, so vereint der postmoderne Held Gut und Böse und all die dazwischen liegenden Schattierungen zugleich in seiner Brust.

Sein Handeln und das anderer Handlungsträger offenbart Mehrdeutigkeit und ist vielfachen, oft widersprüchlichen Bewertungsprozessen ausgesetzt.

In dieser Matrix bleibt das Selbst des Helden und der beschriebenen sozialen Systeme uneinheitlich und fragmentarisch – paradigmatisch zeigt sich dies an der Figur des Helden/Ich-Erzählers der *Mitternachtskinder* (Rushdie 1995), aber auch an der Gestalt des Inspector Dhar und seinem zwillingshaften Alter ego im *Zirkuskind* (Irving 1995).

Der Matrix postmodernen Erzählens fehlt das Moment der Schließung, das dem realistischen Roman eignet – es gibt kein gutes, kein vollständiges Ende der Geschichte, kein Ans-Ende-Kommen der Helden. Man gelangt dorthin, wo man schon einmal war – die Dialogsequenz, die den Roman *Witwe für ein Jahr* beschließt, gleicht wortwörtlich jener, die den Roman einleitet.

Das Paradigma der Erlösung oder Auflösung, die Perspektive der erfüllten Hoffnung oder des nach oben voranschreitenden Lebens tritt zugunsten einer Überlebenserzählung beiseite, in der eine Art heiterer Pessimismus zu dominieren scheint, der sich in einer Vielzahl von Schlusssätzen in postmodernen Romanen verdichtet:

---

5 *Zirkuskind* (Irving 1995).
6 Freilich ist dies literarisch durchkomponierter, durchdachter Zufall; aber dennoch.

„Aber in der Welt, so wie Garp sie sah, sind wir alle unheilbare Fälle" (Irving 1979, S. 635); „... denn es ist das Vorrecht und der Fluch von Mitternachtskindern, sowohl Herr als auch Opfer ihrer Zeit zu sein ... und nicht in Frieden leben und sterben zu können" (Rushdie 1995, S. 632).

Postmoderne Erzählweise ist durch ihre Vertrautheit mit metaphorischen Sprachspielen markiert: Konkretes und Bildhaftes verfließen ineinander, ihre Grenze ist aufgehoben, ihre Domänen werden innerhalb kleinster Erzählsequenzen mehrfach durchschritten. Dieses Verfließen von Ebenen, Erzählperspektiven, Standorten, Realität und Metaphorik zeigt sich auch in der inhaltlichen Thematik.

Zentrales Motiv der angeführten Romane sind persönliche, familiäre oder gesellschaftliche Brucherfahrungen, psychosoziale Traumen – Tod, Behinderung, Krankheit, Verlust, Desintegration – und deren Bewältigung oder Handhabung. Aber jenseits dessen ist das Erzählen selbst zentraler Gegenstand des Erzählens – das Warum, das Wie, das Wozu, die Implikationen, die sich aus dem Erzählen für das Erzählte selbst, den Leser und den Erzähler ergeben.[7]

Freilich finden sich metanarrative Passagen auch im realistischen Roman – hier sind sie jedoch vor allem Fußnote, Erläuterung oder Verbeugung vor dem lesenden Publikum.

Die Frage „Literatur als Therapie?" (Muschg 1981) ist auch umkehrbar: „Therapie als Literatur" verweist darauf, dass Therapie Fiktivität in gleicher Weise nutzt wie Literatur. Der therapeutische Dialog und damit einhergehende Akte des Handelns und Schreibens ermöglichen es, dass ein Klient und ein Therapeut in gemeinsamer Autorenschaft Texte kreieren, von welchen beide hoffen, dass sie mit Problemauflösung und besserem Leben für den Klienten einhergehen.

Freilich: Die vermittels des therapeutischen Dialogs erschaffene Literatur ist weitgehend orale Geschichte, sie wird oral erzeugt und oral tradiert und nur im Ausnahmefall verschriftlicht.

Das therapeutische System nutzt auf der Grundlage einer Problemlösungsstruktur der Levitation all jene stilistischen Mittel und Erzähltechniken, die den postmodernen Roman auszeichnen.

---

7 So sind die meisten Helden in Irvings Romanen, aber auch andere Handlungsträger Schriftsteller; ihr Handeln ist über weite Strecken ein Erzähl-Handeln.

Der Preis dieser spezifischen Weise des Erzählens ist die Preisgabe der großen (literarischen) Erzähl- und Lebensentwürfe, der Verlust des Heroischen, des Übermenschlichen, der Transzendenz. Er birgt die Beschränkung auf Erzählungen des Überlebens.

Dies impliziert den Abschied von all jenen Erzählungen, denen Psychotherapie ihren zugleich besonderen wie fragwürdigen Ruf verdankt – von Erzählungen der Selbstverwirklichung, der Vervollkommnung, der Harmonisierung, des Wachstums, der Entwicklung und Ähnlichem.

Wenn wir jenseits der pragmatischen Auflösbarkeit konkreter Lebensprobleme von einer grundlegenden Unheilbarkeit menschlichen Lebens und menschlicher Not ausgehen, bleibt ein kleiner und doch bedeutsamer Unterschied: dass sich jenseits von Unheilbarkeit dennoch leben und lieben lässt.

11. An der Mündung

„Verstehen gibt es nicht, höchstens Respekt."
(Nadolny 1990, S. 8)

Münden Flüsse ineinander oder ins Meer, vermischen sich die Erzählströme – der des Problems-in-Sprache löst sich auf, ist von anderen nicht mehr unterscheidbar.

Die Aufgabe des therapeutischen Systems besteht in der Konstruktion einer Geschichte, die mit besserem Leben einhergeht.

Die Beiträge von Klient und Therapeut zu einer Geschichte der Lösung sind unterschiedlich – der Klient ist Erzähler im eigentlichen Sinn, indem er seine Erfahrungen beschreibt, erläutert und erkundet. Der Therapeut ist ein Erzähler, der vor allem vermittels seines Zuhörens und Fragens erzählt.

Zuhören und Fragen spiegeln unterschiedliche therapeutische Haltungen wider. „Fragen" bezeichnet ein auf spezifische Unterschiede orientiertes Handeln; es korrespondiert mit einer strategischen bzw. interventiven Position des Therapeuten. Wer fragt, will Bestimmtes wissen oder bewirken – er evoziert ein spezifisches Wissen seines Gegenübers und schließt anderes Wissen aus.

„Zuhören" ist dagegen Versuch des Verstehens – es öffnet Raum und entspricht einer konversationalen Haltung des Therapeuten.

Wer in respektvoller Weise zuhört, gibt dem Gegenüber Gelegenheit, seine individuelle Erfahrung zu erzählen. Er ermöglicht ihm Gehörtwerden und Verstehen. Aber er schafft dadurch auch die Möglichkeit, einschränkende Erzählungen zu wiederholen und zu verfestigen.

Eine ähnliche Ambiguität birgt ein interventives Fragen bzw. Handeln des Therapeuten – es enthält die Chance des Neuen und

Erstmaligen ebenso wie das Risiko (erneuten) Nichtverstandenwerdens.

Eine eindeutige therapeutische Positionierung ist weder sinnvoll noch notwendig – „Eine einander ausschließende Polarisierung von Intervention und Konversation (beinhaltet) einen nicht einlösbaren Anspruch auf Wahrheit und so einen überflüssigen Verzicht auf Vielfalt" (Ludewig 1988b, S. 248).

Zuweilen liegt das Hilfreiche von Therapie darin, Raum für Verstehen, zu öffnen und Veränderndes zu unterlassen; zuweilen ist Therapie am hilfreichsten, wenn der Therapeut so wenig wie möglich versteht. Zuweilen soll Verstehen Veränderung vorausgehen, zuweilen Veränderung dem Verstehen, und letztlich bleibt offen, ob der Klient das Handeln des Therapeuten in gleicher Weise unterscheidet oder konnotiert wie dieser selbst.

Beispiele des Erzählten sind zwei Therapien mit Menschen, die jeweils aus unterschiedlichen Gründen ihre ehemals kommunistisch regierten Heimatländer verlassen mussten.

Im Kontext des ersten Beispiels war ein Mann, ein politischer Flüchtling, der seit vielen Jahren in Österreich lebte, erst nach längerem Drängen seiner Partnerin zu einem gemeinsamen Gespräch bereit. Thema dieses Gespräches war unter anderem seine tiefe Verschlossenheit, die zu einer düsteren, wenig lebensfreundlichen Atmosphäre zwischen beiden beitrug.

Die ersten beiden gemeinsamen Gespräche waren von hoher Vorsicht seitens des Mannes geprägt. Interventive Vorschläge und Fragen wurden rasch eingeschränkt und zurückgewiesen. Je mehr in der Folge interventive Momente in den Hintergrund traten, desto mehr begann der Klient, über die Entwicklung seiner Tradition der Zurückhaltung und des Schweigens zu erzählen – über seine Überlebensfunktion im Kontext des kommunistischen Systems; über Verfolgung und Denunziation; über die scharfe Trennung zwischen offizieller, nach außen hin sichtbarer, und inoffizieller, persönlicher, innerer Geschichte.

Das Mit-Hören seiner Geschichte erschloss seiner Frau ein verändertes Verstehen seines Handelns auf dem Hintergrund seiner Erfahrung. Ihr Hören und sein Erzählen lösten das Schweigen zwischen beiden jenseits aller interventiven Ideen auf und erzeugten eine tiefe Verbundenheit.

Gegenteiliges war im Kontext einer Familientherapie der Fall – die Eltern, die zur Elite der kommunistischen Führung ihres Landes gehört hatten und es nach der demokratischen Wende verlassen mussten, kamen wegen massiver Ordnungszwänge ihres pubertierenden Sohnes, die auch zu erheblichen Schulschwierigkeiten führten, in Therapie. Ein Bemühen um Verstehen und kontextualisierende Einbettung der Symptomatik in den Lebenszusammenhang der Familie wurde immer wieder deutlich zurückgewiesen, sodass der therapeutische Dialog nahezu ausschließlich um Möglichkeiten der Musterunterbrechung kreiste.

Erst als sich im Zuge dieser interventiven Orientierung die familiäre und schulische Situation entspannte, traten Möglichkeiten des Verstehens in den Vordergrund. Die Familie erzählte gemeinsam die Geschichte vom „Prinzen, der zu einem Jungen unter vielen anderen" werden musste. Sie erzählten von der Notwendigkeit der Geheimhaltung ihrer persönlichen Geschichte, von den Schwierigkeiten, die mit ihrer Exilierung verbunden waren, von damit einhergehendem Verlust an Macht, Bedeutung und Ansehen. Auf diesem Hintergrund zeigte sich die Symptomatik des Jungen nachträglich als Versuch, zentrale Bedürfnisse mit inadäquaten Mitteln zu verwirklichen.

All die Geschichten, die Klienten mit uns teilen, hinterlassen Spuren. Erzählen in Therapie verändert nicht nur den Klienten – es verändert auch den Therapeuten. Es schafft ein Universum mit-geteilter Geschichten und ständig neue Versionen von Leben. Das Hören dieser Geschichten bereichert den Therapeuten um immer weitere Möglichkeiten des Noch-Erzählbaren – jeder Klient fügt den Erzählströmen des Therapeuten neue hinzu, die dieser in der einen oder anderen Weise transformiert und als Erzähler seinerseits utilisiert.

Das Handeln des Therapeuten setzt fortwährende Abstimmungsprozesse im Zusammenhang mit vielfältigen Ansprüchen voraus.

Sein Handeln muss dem Klienten gerecht werden, seine Lebenswelt mit einrechnen, ethischen und ästhetischen Grundsätzen entsprechen.

Therapie ist als Beziehungsgeschehen nicht nur funktional in Bezug auf die Zielsetzung des Klienten – sie dient in vielen Fällen auch dazu, ein „ökologisches Defizit" (Merl 1994, S. 15) des Klienten im Kontext seiner Lebenswelt vermittels der therapeutischen Beziehung auszugleichen.

Sie ist unter Umständen vorübergehende Erlösung von Einsamkeit. Sie ermöglicht die Erfahrung von Wertschätzung und Bestätigung, das Erleben von Anteilnahme.

Unterlässt es der Therapeut, seine ökologische Funktion als vorübergehende und begrenzte zu verwirklichen, unterlässt er ein Suchen nach Möglichkeiten alternativer Realisierung von Wertschätzung, Verbundenheit, Respekt, so verwischt sich die Grenze zwischen Therapie und Leben: Therapie tritt an die Stelle von Leben und wird selbst Teil eines problemerhaltenden Systems.

Der Therapeut muss Widersprüche zwischen eigenem Handeln und Denken, therapeutischer Funktion und persönlich Gelebtem überbrücken. Er soll seinen Klienten zugleich nah und fern sein. Er soll verstehen und ausreichend missverstehen, zugleich mit seiner eigenen Erfahrung verbunden und von ihr losgelöst sein.

Der Therapeut operiert in einer Welt therapeutischen Erzählens, die sich durch Diversifikation therapeutischer Leitsätze, Theoriebezüge und Handlungspragmatiken auszeichnet – Erzählen über Therapie ist so vielstimmig wie therapeutisches Handeln selbst.[1] Dies erschwert therapeutische Handlungsplanung ebenso wie die Evaluierung des therapeutischen Vorgehens.

Therapie ist als Summe komplexer Unterschiedsoperationen und Passungen verstehbar. Fehler, Unterlassungen, Verletzungen, Irrelevanzen sind Teil dieses Passungsprozesses, Teile des Lernens eines therapeutischen Systems. Sie sind nur partiell vorwegnehmbar.[2]

Das therapeutische System kann sich von Problemsystemen darin unterscheiden, dass es ein lernendes, in seiner Selbstorganisation in produktiver Weise verstörbares System ist – eines, das Fehler nicht wiederholt, sondern an ihrer Stelle andere und neue Fehler macht.

Der Entwurf kleinräumiger Therapie gründet in der Annahme der Autonomie menschlicher Systeme und im Wissen um die Komplexität der erforderlichen Passungsprozesse, die das therapeutische

---

1 Freilich kann dies auch positiv konnotiert werden (vgl. Schiepek 1991) – als Annäherung an den ethischen Imperativ des „Handle stets so, dass weitere Möglichkeiten entstehen" (von Foerster 1981, S. 60).
2 Für den Diskurs über die Unvermeidbarkeit von Fehlern danke ich Helmut de Waal.

System leisten muss. Therapie soll demgemäß auf ein Beginnen von Veränderung abzielen, nicht auf ihre Vollendung.

Ans Ende gekommen, weiß ich um die Vielzahl des Noch-nicht-Erzählten: um ausgelassene Abzweigungen, anderes Erzählbares und um den weiten Raum jenseits davon, den ich nicht kenne – „Der Anfang, auch das Ende jeder Geschichte, die man nur lange genug verfolgt, (verliert sich) irgendwann in der Weitläufigkeit der Zeit – weil nie alles gesagt werden kann, was zu sagen ist" (Ransmayr 1987, S. 11).

Erzählen in Therapie gleicht einem sich verzweigenden Fluss, der sich nach und nach öffnet, an Breite gewinnt, sich zwischen Inseln und Sandbänken verzweigt, um schließlich ins Meer zu münden.

Ich hoffe, einfach und verzweigt, schmal und breit, rasch und langsam genug erzählt zu haben, sodass das Erzählte einen nachvollziehbaren Pfad therapeutischer Erkenntnis und therapeutischen Handelns zur Verfügung stellt – zumindest für einen längeren Augenblick.

Literatur

Ahlers, C. (1996): Setting als Intervention in der systemischen Einzel-, Paar- und Familientherapie: Erfahrungen aus dem klinischen Alltag. *Zeitschrift für systemische Therapie* 14 (4): 250–262.
Anderson, H. (1992): Die Bedeutung der Sprache für eine Zusammenarbeit in der systemischen Therapie. *Zeitschrift für systemische Therapie* 10 (3): 195–199.
Anderson, H. a. H. Goolishian (1990): Beyond cybernetics: Comments on Atkinson and Heath's "Further thoughts on second-order family therapy". *Family Process* 29 (2): 157–163.
Anderson, H. a. H. Goolishian (1992): Der Klient ist Experte: Ein therapeutischer Ansatz des Nicht-Wissens. *Zeitschrift für systemische Therapie* 10 (3): 176–189.
Austin, J. L. (1971): Performative – constative. In: J. R. Searle (ed.): The philosophy of language. Oxford (University Press).
Beck, U. u. U. Erdmann-Ziegler (1997): Eigenes Leben. Beck (München).
Beck-Gernsheim, E. (1996): Nur der Wandel ist stabil. *Familiendynamik* 21 (3): 284–304.
Camus, A. (1959): Der Mythos von Sisyphos. Reinbek (Rowohlt).
Camus, A. (1995): Der erste Mensch. Reinbek (Rowohlt).
Daemmrich, H. S. u. I. Daemmrich (1987): Themen und Motive in der Literatur. Ein Handbuch. Tübingen (Franke), 2. Aufl. 1995.
de Shazer, S. (1985): Keys to solution in brief therapy. New York (W. W. Norton).
de Shazer, S. (1989): Der Dreh. Heidelberg (Carl-Auer-Systeme), 6. Aufl. 1999.
de Shazer, S. (1992): Das Spiel mit Unterschieden. Heidelberg (Carl-Auer-Systeme), 3. Aufl. 1998.
de Waal, H. (1998): Konzepte von Therapie. In: A. Brandl-Nebehay, B. Rauscher-Gföhler u. J. Kleibel-Arbeithuber (Hrsg.): Systemische Familientherapie. Wien (Facultas).
Dostojewskij, F. I. (1974): Die Brüder Karamasow. Stuttgart (Parkland).
Dylan, B. (1973): Writing and drawings. Frankfurt a. M. (Zweitausendeins).
Eco, U. (1997): Die Suche nach der vollkommenen Sprache. München (dtv).
Epston, D. a. A. M. White (1992): Experience, contradiction, narrative, and imagination. Adelaide (Dulwich Centre Publications).
Erikson, E. H. (1977): Identität und Lebenszyklus. Frankfurt a. M. (Suhrkamp), 17. Aufl. 1998.
Fischer, H. R. (1991): Sprache und Lebensform. Heidelberg (Carl-Auer-Systeme).
Foerster, H. von (1981): Das Konstruieren einer Wirklichkeit. In: P. Watzlawick (Hrsg.): Die erfundene Wirklichkeit. München (Piper).
Foerster, H. von (1997): Der Anfang von Himmel und Erde hat keinen Namen: Eine Selbstschaffung in sieben Tagen. Wien (Döcker).
Fthenakis, W. E. (1995): Kindliche Reaktionen auf Trennung und Scheidung. *Familiendynamik* 20 (2): 85–115.

Fthenakis, W. E., R. Niesel u. H. R.Kunze (1982): Ehescheidung – Konsequenzen für Eltern und Kinder. München (Urban und Schwarzenberg).
Frenzel, E. (1978): Stoff-, Motiv- und Symbolforschung. Stuttgart (Metzler).
Freud, S. u. J. Breuer (1970): Studien über Hysterie. Frankfurt a. M. (Fischer), 3., korr. Aufl. 1997.
Gennep, A. van (1986): Übergangsriten. Frankfurt a. M. (Campus), Neuaufl. 1999.
Gergen, K. J. (1990): Die Konstruktion des Selbst im Zeitalter der Postmoderne. *Psychologische Rundschau* 41: 191–199.
Gergen, K. J. a. M. J. Gergen (1983): Narratives of the self. In: T. R. Sabin a. K. E. Scheibe (eds.): Studies in social identity. New York (Praeger), p. 254–273.
Gergen, K. J. a. M. J. Gergen (1986): Narrative form and the construction of psychological science. In: T. R. Sabin (ed.): Narrative psychology: The storied nature of human conduct. New York (Praeger).
Glasersfeld, E. von (1984): An introduction to radical constructivism. In: P. Watzlawick (Hrsg.): The invented reality. New York (Norton) [dt. (1981): Die erfundene Wirklichkeit. Wie wissen wir, was wir zu wissen glauben? Beiträge zum Konstruktivismus. München u. a. (Piper).]
Glasersfeld, E. von (1988): The reluctance to change a way of thinking. *The Irish Journal of Psychology* 9 (2): 83–90.
Goodman, N. (1990): Weisen der Welterzeugung. Frankfurt a. M. (Suhrkamp).
Gröne, M. (1995): Wie lasse ich meine Bulimie verhungern. Ein systemischer Ansatz zur Beschreibung und Behandlung der Bulimie. Heidelberg (Carl-Auer-Systeme), 3. Aufl. 2000.
Grossmann, K. P. (1997): Eine kleine Theorie über Sprache in Therapie. In: M. Scholze, B. Rauscher-Gföhler u. C. Klicpera (Hrsg.): Unterwegs in der systemischen Familientherapie. Wien (Facultas).
Grossmann, K. P. (1998): Vom Erfinden. *Zeitschrift für systemische Therapie* 16 (2): 109–122.
Grossmann, K. P., I. Gschwend u. E. Waas (1998): Zur Theorie von Intervention. In: A. Brandl-Nebehay, B. Rauscher-Gföhler u. J. Kleibel-Arbeithuber (Hrsg.): Systemische Familientherapie. Wien (Facultas).
Grossmann, K. P., G. Theissler u. H. J. Achleitner (1993): Rund um die Gewalt. *Sozialarbeit* 101: 34–36.
Hare-Mustin, R. T. (1994): Discourses in the mirrored room: A postmodern analysis of therapy. *Family Process* 33 (1): 19–36.
Hederman, M. P. a. R. Kearney (1982): The crane bag. Book of Irish studies. Dublin (Blackwater Press).
Hoffman, L. (1990): Constructing realities: An art of lenses. *Family Process* 29 (1): 13–28.
Hoyt, M. F. a. M. Talmon (1990): Single session therapy. San Francisco (Jossey-Bass).
Husted, J. (1993): Sprechakte. In: A. Hügli u. P. Lübcke (Hrsg.): Philosophie im 20. Jahrhundert. Reinbek (Rowohlt).
Irving, J. (1979): Garp und wie er die Welt sah. Reinbek (Rowohlt).
Irving, J. (1995): Zirkuskind. Zürich (Diogenes).
Irving, J. (1999): Witwe für ein Jahr. Zürich (Diogenes).
Jennings, S. (1992): Dramatherapy with families, groups, and individuals. London (Kingsley).
Katkin, S. (1980): „Buchführung" als vielseitig verwendbare familientherapeutische Intervention. *Familiendynamik* 5 (2): 118–124.
Klammer, G. u. S. Klar (1998): Wie erkenne ich? – Epistemologische Grundlagen für systemische Therapie. In: A. Brandl-Nebehay, B. Rauscher-Gföhler u. J. Kleibel-Arbeithuber (Hrsg.): Systemische Familientherapie. Wien (Facultas).

Küng, H. (1978): Existiert Gott? München (Piper), 3. Aufl. 1995.
Lakoff, G. a. M. Johnson (1980): Metaphors we live by. Chicago (Chicago University Press) [dt. (1998): Leben in Metaphern. Konstruktion und Gebrauch von Sprachbildern. Heidelberg (Carl-Auer-Systeme), 2. Aufl. 2000].
Land, D. A. (1992): Manchmal spiele ich Weisen, die ich noch nie zuvor gehört habe. In: P. Frenzel, P. Schmid u. M. Winkler (Hrsg.): Handbuch der personzentrierten Psychotherapie. Köln (Humanistische Psychologie).
Lerner, A. (1983): Poesietherapie. In: R. J. Corsini (Hrsg.): Handbuch der Psychotherapie. Weinheim (Beltz), 4. Aufl. 1994.
Levin, S. B. (1995): Das Hören nicht-gehörter mißhandelter Frauen. *Zeitschrift für systemische Therapie* 13 (3): 164–182.
Ludewig, K. (1987): 10 + 1 Leitsätze bzw. Leitfragen. *Zeitschrift für systemische Therapie* 5 (3): 178–191.
Ludewig, K. (1988a): Problem-„Bindeglied" klinischer Systeme. In: L. Reiter, E. J. Brunner u. S. Reiter-Theil (Hrsg.): Von der Familientherapie zur systemischen Perspektive. Berlin (Springer).
Ludewig, K. (1988b): Welches Wissen soll Wissen sein? *Zeitschrift für systemische Therapie* 6 (2): 122–127.
Ludewig, K. (1992): Systemische Therapie. Grundlagen klinischer Theorie und Praxis. Stuttgart (Klett-Cotta), 4. Aufl. 1997.
MacCormack, T. (1998): Believing in make-believe: Looking at theater as a metaphor for psychotherapy. *Family Process* 36 (2): 151–170.
Magarshak, D. (1976): Dostoevsky. Westport (Greenwood Press).
Marschik, M. (1993): Poesietherapie. Therapie durch Schreiben. Wien (Turia).
Maturana, H. (1982): Erkennen: Die Organisation und Verkörperung von Wirklichkeit. Paderborn (Vieweg).
Merl, H. (1994): Sehnsüchte – Werte – Visionen in menschlichen Systemen. In: B. Rauscher-Gföhl (Hrsg.): Sehnsüchte – Werte – Visionen in menschlichen Systemen. Wien (Institut für Ehe und Familie).
Metzinger, T. (1996): Das Problem des Bewußtseins. In: T. Metzinger (Hrsg.): Bewußtsein. Paderborn/München (Schöningh).
Morin, E. (1977) : La méthode. Vol. 1: La nature de la nature. Paris (Edition du Seuil).
Muschg, A. (1981): Literatur als Therapie? Ein Exkurs über das Heilsame und das Unheilbare. Frankfurt a. M. (Suhrkamp), 8. Aufl. 1995.
Musil, R. (1994): Der Mann ohne Eigenschaften. Reinbek (Rowohlt).
Nadolny, S. (1987): Die Entdeckung der Langsamkeit. München (Piper).
Nadolny, S. (1990): Selim oder Die Gabe der Rede. München (Piper).
O'Hanlon Hudson, P. a. W. Hudson O'Hanlon (1992): Rewriting love stories. New York (W. W. Norton) [dt. (1997): Liebesgeschichten neu erzählen. Ein Lehrbuch für Paare und ihre Therapeuten. Heidelberg (Carl-Auer-Systeme), 2. Aufl. 2000].
Osgood, C., W. May a. M. Mison (1975): Cross-cultural universal of affective meaning. Urbana (University of Illinois Press).
Papp, P. a. E. Imber-Black (1996): Family themes: transmissions and Transformation. *Family Process* 35 (1): 5–20.
Parry, A. (1991): A universe of stories. *Family Process* 30 (1): 37–54.
Pas, A. van der (1993): Beschämende Geschichten – ein Interview mit Marcia Sheinberg. *Zeitschrift für systemische Therapie* 11 (3): 179–184.
Pearce, W. B. a. V. E. Cronen (1980): Communication, action, and meaning: The creation of social realities. New York (Praeger).
Pelz, H. (1996): Linguistik. Hamburg (Campe), 4. Aufl. 1999.
Penn, P. a. M. Frankfurt (1994): Creating a participant text: Writing, multiple voices, narrative multiplicity. *Family Process* 33 (3): 217–233.

Penn, P. u. M. Sheinberg (1992): Geschichten und Gespräche. *Zeitschrift für systemische Therapie* 10 (2): 111–118.
Pongratz, L. J. (1967): Problemgeschichte der Psychologie. Bern (Francke), 2. Aufl. 1984.
Ransmayr, C. (1987): Vom Schrecken des Eises und der Finsternis. Frankfurt a. M. (Fischer).
Reiss, D. (1981): The family's construction of reality. Cambridge (Harvard University Press).
Reiss, D., S. Gonzalez a. N. Kramer (1986): Family process, chronic illness, and death: On the weakness of strong bonds. *Archives of General Psychiatry* 43: 795–804.
Retzer, A. (1993a): Die Gewalt der Eindeutigkeit – Die Mehrdeutigkeit der Gewalt. *Familiendynamik* 3 (18): 225–254.
Retzer, A. (1993b): Zur Theorie und Praxis der Metapher. *Familiendynamik* 2 (18): 125–145.
Retzer, A. (1994): Familie und Psychose. Stuttgart (Fischer), 2. Aufl. 1996.
Retzer, A. (1996): Zeit und Psychotherapie. *Familiendynamik* 21 (2): 136–159.
Rogers, C. R. (1972): Die klientenzentrierte Gesprächspsychotherapie. München (Kindler), 13. Aufl. 1999. Frankfurt a. M. (Fischer).
Rubinstein-Nabarro, N. (1996): Systemic insight and the couple seesaw effect in couple and family therapy. In: M. Andolfi, C. Angelo a. M. De Nichilo (eds.): Feelings and systems. Rome (Raffaelo Cortina).
Rushdie, S. (1989): Die satanischen Verse. [S. l.] (Artikel-19-Verlag).
Rushdie, S. (1991): Harun und das Meer der Geschichten. München (Droemer).
Rushdie, S. (1995): Mitternachtskinder. München (Droemer).
Rushdie, S. (1996a): Des Mauren letzter Seufzer. München (Kindler).
Rushdie, S. (1996b): Scham und Schande. München (Droemer).
Saussure, F. de (1969): Cours de linguistique générale. Paris (Payot) [dt. (1967): Grundfragen der allgemeinen Sprachwissenschaft. Berlin (de Gruyter)].
Schiepek, G. (1991): Systemtheorie der Klinischen Psychologie. Braunschweig (Vieweg).
Schiepek, G. (1995): Ausbildungsziel: Systemkompetenz. Münster (Psychologisches Institut).
Schiepek, G., G. Strunk u. Z. J. Kowalik (1995): Die Mikroanalyse der Therapeut-Klient-Interaktion mittels Sequentieller Plananalyse. Teil II: Die Ordnung des Chaos. *Psychotherapie Forum* 3 (2): 87–109.
Schmidt, G. (1996): Das Verschwinden der Sexualmoral. Hamburg (Klein).
Scholze, M. (1998): Therapeutische Systeme – Therapeutische Beziehung/Haltung. In: A. Brandl-Nebehay, B. Rauscher-Gföhler u. J. Kleibel-Arbeithuber (Hrsg.): Systemische Familientherapie. Wien (Facultas).
Schweitzer, J., A. Retzer u. H. R. Fischer (Hrsg.) (1992): Systemische Praxis und Postmoderne. Frankfurt a. M. (Suhrkamp).
Selvini-Palazzoli, M., L. Boscolo, G. Cecchin G. u. G. Prata (1979): Eine ritualisierte Verschreibung. *Familiendynamik* 4 (2): 138–147.
Sheehan, J. (1998): Die Befreiung von Erzählstilen in der systemischen Therapie. *Zeitschrift für systemische Therapie* 16 (2): 84–97.
Sheinberg, M. (1992): Navigating treatment impasses at the disclosure of incest: Combining ideas from feminism and social constructivism. *Family Process* 31 (3): 201–216.
Sheinberg, M. (1993): Beschämende Geschichten. Interview von A. van der Pas. *Zeitschrift für systemische Therapie* 11 (3).
Simon, F. B. (1995): Die andere Seite der Gesundheit. Heidelberg (Carl-Auer-Systeme).

Skelton, J. L. u. J. M. Ackerman (1978): Verhaltensanweisungen: Hausaufgabe in Beratung und Psychotherapie. München (Pfeiffer).
Sluzki, C. (1992): Transformations: A blueprint for narrative changes in therapy. *Family Process* 31 (3): 217–230.
Sluzki, C. (1996): Das Rückfordern von Worten, das Rückfordern von Welten. *Familiendynamik* 21 (3): 310–316.
Spiegel, H. a. L. Linn (1969): The "ripple effect" following adjunct hypnosis in analytic psychotherapy. *American Journal of Psychiatry* 126: 53–58.
Stanzel, F. K. (1995): Theorie des Erzählens. Göttingen (Vandenhoeck), 6. Aufl.
Stierlin, H. (1988): Zur Beziehung zwischen Einzelperson und System: der Begriff „Individuation" in systemischer Sicht. In: L. Reiter, E. J. Brunner u. S. Reiter-Theil (Hrsg.): Von der Familientherapie zur systemischen Perspektive. Berlin (Springer).
Stierlin, H. (1997): Verrechnungszustände: Über Gerechtigkeit in sich wandelnden Beziehungen. *Familiendynamik* 22 (2): 143–155.
Stückrath, J. (1992): Figur und Handlung. In: H. Brackert u. J. Stückrath (Hrsg.): Literaturwissenschaft. Reinbek (Rowohlt), 5. Aufl. 1997.
Tomm, K. (1989): Das Problem externalisieren und die persönlichen Mittel und Möglichkeiten internalisieren. *Zeitschrift für systemische Therapie* 7 (3): 200–205.
Tomm, K. (1994): Die Fragen des Beobachters. Heidelberg (Carl-Auer-Systeme), 3. Aufl. 2000.
Trier, J. (1931): Der deutsche Wortschatz im Sinnbezirk des Verstandes. Geschichte eines sprachlichen Feldes. Heidelberg (Winter).
Walker, G. (1994): Systemische Therapie bei Aids. Dortmund (Modernes Lernen).
Weingarten, K. (1985): Über Lügen, Geheimnisse und das Verschweigen. In: E. Imber-Black (Hrsg.): Geheimnisse und Tabus in Familie und Familientherapie. Freiburg (Lambertus), S. 223–242.
Weingarten, K. (1991): The discourses of intimacy: Adding a social constructionist and feminist view. *Family Process* 30 (3): 285–306.
Weingarten, K. (1992): A consideration of intimate and non-intimate Interactions in Therapy. *Family Process* 31 (1): 45–60.
Welter-Enderlin, R. (1985): Geheimnisse bei Paaren und in Paartherapie. In: E. Imber-Black (Hrsg.): Geheimnisse und Tabus in Familie und Familientherapie. Freiburg (Lambertus), S. 223–242.
White, M. (1985): Praktisches Vorgehen bei langwierigen Eheproblemen. *Familiendynamik* 10 (3): 206–240.
White, M. u. D. Epston (1993): Die Zähmung der Monster. Der narrative Ansatz in der Familientherapie. Heidelberg (Carl-Auer-Systeme), 3. Aufl. 1998.
Willke, H. (1988): Systemtheoretische Grundlage des therapeutischen Eingriffs in autonome Systeme. In: L. Reiter, E. J. Brunner u. S. Reiter-Theil (Hrsg.): Von der Familientherapie zur systemischen Perspektive. Berlin (Springer).
Wittgenstein, L. (1992): Über Gewißheit. Frankfurt a. M. (Suhrkamp).
Wittgenstein, L. (1997): Tractatus logico-philosophicus. Frankfurt a. M. (Suhrkamp).
Zimmerman, J. L. a. V. C. Dickerson (1994): Using a Narrative metaphor: Implications for theory and clinical practice. *Family Process* 33 (3): 233–246.

Über den Autor

© Bachl/Engleder

Konrad Peter Grossmann, Dr. phil.; Psychologe und Psychotherapeut am Institut für Familienberatung in Linz, Lehrtherapeut und Lehrbeauftragter für systemische Familientherapie in Linz und Wien.

Die psychotherapeutische Ausbildung führte über die Verhaltenstherapie, klientenzentrierte Therapie und systemische Familientherapie zu einem narrativen Psychotherapieverständnis.

Thematisch vorherrschende Arbeitsschwerpunkte wandelten sich von der Arbeit mit Menschen mit Behinderung bzw. chronischer Erkrankung und ihren Familienangehörigen zur Mitarbeit in Kinderschutzzentren und Familienberatungsstellen mit unterschiedlichsten einzel-, paar- und familientherapeutischen Fragestellungen.

Veröffentlichungen u. a. zu den Themenbereichen Paartherapie, Interventionstheorie, Ethik und narrative Therapie. Zuletzt erschienen: *Therapeutische Dialoge mit Paaren. Ein narrativer Ansatz.*

Michael White / David Epston

Die Zähmung der Monster

Der narrative Ansatz in der Familientherapie

219 Seiten, Kt
4. Auflage 2002
ISBN 3-89670-100-2

Das Buch zentriert sich um einen Themenbereich, der bislang in der familientherapeutischen und systemischen Literatur zu kurz kam: die Bedeutung und Nutzung von schriftlichem Material, insbesondere von Briefen im therapeutischen Prozeß.

„White und Epston sind meiner Meinung nach bahn-brechend auf dem Gebiet der Familientherapie tätig. Sie weiten nicht nur ihr eigenes klinisches Verständnis und ihre Fähigkeiten auf neue Gebiete aus, sie ermöglichen auch anderen Therapeuten, dies zu tun."

Karl Tomm

Carl-Auer-Systeme Verlag • Der Verlag für Systemisches

Patricia O'Hanlon Hudson/
William Hudson O'Hanlon

Liebesgeschichten neu erzählen

Ein Lehrbuch für Paare
und ihre Therapeuten

154 Seiten, Kt
2. Aufl. 2000
ISBN 3-89670-014-6

In diesem konsequent lösungsorientierten Buch nimmt das Autoren-Paar Abschied von dem in der Paartherapie (und im Leben von Paaren) so beliebten gegenseitigen Schuldzuweisen und Herumanalysieren. Stattdessen zeigen die beiden, wie man bessere Möglichkeiten der Zusammen-arbeit beim Lösen der gemeinsamen Probleme findet und destruktive Kommunikationsmuster unterbricht.

„Dieses Lehrbuch für Paare und Therapeuten ist geprägt von vitaler Frische und durchaus geeignet, Beziehungen aus der Gefahrenzone allmählich herauszubringen und in ruhigere und weniger risikoreiche Gewässer zu steuern."

AKF-Literaturdienst

Carl-Auer-Systeme Verlag • Weberstr. 2 • D-69120 Heidelberg
Tel.: (0 62 21) 64 38 0 • Fax: (0 62 21) 64 38 22
E-Mail: info@carl-auer.de • Internet: www.carl-auer.de